田园松阳文化丛书

第七辑

松阳县档案馆（党史和地方志研究室） 编

闲说松阳话

■ 叶永萱 著

浙江工商大学 出版社
ZHEJIANG GONGSHANG UNIVERSITY PRESS

·杭州·

U0569660

图书在版编目（CIP）数据

闲说松阳话 / 叶永萱著 . — 杭州 : 浙江工商大学
出版社 , 2024.7
　　（田园松阳文化丛书 . 第七辑）
　　ISBN 978-7-5178-5991-8

　　Ⅰ . ①闲… Ⅱ . ①叶… Ⅲ . ①散文集 – 中国 – 当代
Ⅳ . ① I267

中国国家版本馆 CIP 数据核字（2024）第 072415 号

闲说松阳话

XIAN SHUO SONGYANGHUA

叶永萱　著

责任编辑	张晶晶
责任校对	李远东
封面设计	杭州富阳正大彩印有限公司
责任印制	包建辉
出版发行	浙江工商大学出版社
	（杭州市教工路 198 号　邮政编码 310012）
	（E-mail: zjgsupress@163.com）
	（网址：http://www.zjgsupress.com）
	电话：0571-88904980，88831806（传真）
排　　版	杭州富阳正大彩印有限公司
印　　刷	杭州富阳正大彩印有限公司
开　　本	710×1000mm　1/16
总 印 张	141
总 字 数	1744 千
版 印 次	2024 年 7 月第 1 版　2024 年 7 月第 1 次印刷
书　　号	ISBN 978-7-5178-5991-8
定　　价	400.00 元（全 5 册）

閒說松陽話

西泠印社江吟

总　序

古之君子，有"见礼而知俗，闻乐而知政"之说。故积句成章，积章成篇，发为文章。若能感于性情而动于声音，则文章与"乐"同出，可以知政；若能融心三才而游步千古，则文章与"礼"同出，可以知俗。自"田园松阳"发展战略实施以来，"田园松阳文化丛书"一直立足松阳乡土文化底蕴，致力于知俗知政，匡矫时弊，宣化承流。

本丛书前五辑，在一定层面上提升了"田园松阳"文化发展之动力和活力。归而纳之，有特征四。

一曰包容。包容何在？在体裁也，在门类也。论体裁，有汇编如《松阳历代书目》《松阳历代文选》《松阳历史人物》，有诗词如《松阳历代诗词》，有书法如《松阳历代书法》，有散文杂记如《松阳乡俗散记》，还有古籍校注如《午溪集校注》。论门类，有涉及历史学的《松阳从历史走来》、涉及风俗学的《松阳民俗·岁时节令》、涉及姓氏学的《松阳祠堂志》、涉及金石学的《松阳金石志》等。

二曰自信。文化自信，是更基础、更广泛、更深厚之自信，是更基础、更深沉、更持久之力量，如《松阳百姓族规家训》彰显了松阳的深厚文化底蕴和人文荟萃，《松阳·中国传统村落》介绍了众多格局完整的传统村落，《松阳农家器用》体现了绵延千年的耕读文化，这都是祖辈留给当代松阳之宝贵精神财富。《民国松阳往事》《民国松阳记忆》则在往事记忆中透露出松阳的独特魅力和价值，唤醒群众之文化自觉，增强群众之文化自信，这也进一步坚定了本丛书推动乡土文化繁荣复兴的信心和底气。

三曰传承。发掘、整理、弘扬"田园松阳"文化，传承松阳文脉，讲好松阳故事，达到繁荣松阳文化、培育社会正气之目的。本丛书之分册，多以"历代"冠之，尤其彰显传承。本丛书为全县的乡村博物馆建设、农村文化礼堂建设，拯救老屋行动、古村落保护，以及古祠堂和古道修复等工作，起到示范提示的作用。

四曰创新。团结、凝聚、联合社会力量，加强"田园松阳"文化的对外交流，使"田园松阳"文化内生动力越来越足，发展后劲不断增强。本丛书在某种意义上成为松阳地方对外交流之书籍。

复览本丛书第六辑与第七辑，上述四特征，皆有所进。

包容愈广。第六辑中，新增门类，《松阳藏石》属工艺学；新增体裁，《烽火浙西南》是小说。《二〇〇〇年的冬天》虽是散文，但主线贯彻全书，有别前辑。第七辑中，新增门类，《松阳舆地图志》属方志学；新增体裁，《张玉娘诗词赏析》是文学鉴赏。《闲时乐着》虽是杂文体裁，但全书涵盖风俗、教育、医药、矿石等方面。除体裁、门类之外，本丛书最新两辑，个中论著，不求放意寓言，不求僭称法言，不求苟同，不求苟异。

自信愈固。丛书第六、七两辑有望激发县域文化界人士对松阳文化底蕴的高度自信，以及对乡土文化生命力、创造力的高度自信，如《松阴溪帆影》《桃源诗藻撷萃》，是继本丛书第三辑中的《松阳乡村诗歌三百首》和本丛书第四辑中的《松阳田园诗藻选辑》之后的又两部诗歌集。作者积极从"田园松阳"文化沃土中汲取养分、激发灵感，在新时代的文艺创作舞台上自信满满。

传承愈坚。包容才可会异归同，传承方能涵揉充畅。本丛书编纂委员会认为，儒、释、道同为古县松阳璀璨文明之写照。千年传之承之，总是金鸣石应；一如刊之版之，亦得激浊扬清。

创新愈勇。时下，中国文化事业正迎来大发展大繁荣之黄金时代，松阳，则把文化上升到了指引县域发展的战略地位。大好机遇，来之不易。本丛书第六、七两辑，展示了松阳良好形象，弘扬了时代精神。如《闲说松阳话》非但保留了生活化的方言，还原了语境的趣味性，并且有意识地将文字的意义向外拓展。这种对品质与内涵的追求，就是一种创新。

总之，感于性情而动于声音，融心三才而游步千古。"田园松阳"文化，孕育于松阳璀璨的历史文明之中，体现在当下全县人民建设"田园松阳"升级版的火热实践中，展现在每一个优秀的古今松阳人、新老松阳人身上。愿松阳文化界人士，永葆胸中有大义、心里有人民、肩头有责任、笔下有乾坤。更愿"田园松阳文化丛书"，能久经历史和人民检验，推动地方文化事业发展，推出更多反映时代呼声、振奋松阳精神之优秀作品。匡矫时弊，宣化承流，无患知俗知政之用。

编　者

2023 年 5 月

写在前面的话

20世纪80年代，蒙组织抬爱，有幸得以主持《松阳县志》编务。因工作需要，开始接触有关方言的内容。

方言作为地方文化的重要载体，在传承地方传统文化中的地位和作用已愈来愈受到学界认可。于是乎，近些年来，各地的方言研究渐趋热烈。且不少有志者，经过多年的潜心研究，成了当地小有名气的方言专家。

我是土生土长的松阳人，自认为松阳话讲得纯正地道。原本还想写点关于松阳方言（土话）的作品，却一直未有什么大动作，只是随手搞过一些卡片。

其实，会说本地土话和做方言研究是完全不同的两码事。大字不识的老翁老妪，满口地道土话，可是你若与他（她）言说"音标""调值"什么的，恐怕是对牛弹琴。

《松阳县志》（1996年版）的方言篇，当年是延请原杭州大学方言专家傅国通先生编写完成的。在与傅老先生的交流中，得以知道所谓"方言"，远不是会说几句本地土话而已，而是一门学问。于是，原先曾经有过的"一闪之念"——待编完县志后，腾点时间搞搞松阳方言的想法，随之打消了。其一，我非科班出身，学养不足，不具备做学问的基本条件；其二，也是最主要的，我深知自己处事懒散、不求进取。基于此两点，只得放弃了向傅老先生学习求教的绝好机会。

2004年退休了，发挥过一阵"余热"，到2014年，完全闲了下来。

　　闲来无事，不免东翻西翻。不经意间，又翻出了原先零星记录的一些关于松阳话的小卡片，一纸半笺的，散乱而尚未成稿。

　　这些年，松阳也有不少年轻人在从事方言方面的研究。有成绩骄人者，都出了好几部关于松阳方言的专著。回过头来看自己弄的这些资料，不注音标、不标调值，以松阳话记松阳话，有的记作"读作××"，有的记作"发××音"，不伦不类。

　　前些年，看到过一本小册子叫《重庆语文》，很有意思。其中，将一个重庆话词语或一句重庆土话，用一小段文字阐释，然后配上一幅漫画，看上去还真十分搞笑十分逗人。我受其启发，突然开窍，照它的路子，"土法上马"，把一些我自认有趣的松阳话，放回到六七十年前的原生语言环境中，生活化地再现这些松阳话的意境。为了能将更多的松阳土话展现给读者，我有意识地尽可能将文字的意义向外拓展。直白地说，就是"往远了扯"。这种并不专业的做法，或许能吸引更多的读者——上了岁数的会去怀旧，年纪轻的会觉得新奇。这个所谓写作意图，也得到了松阳县史志办主任洪关旺先生的认可。

　　用儿女们的话说，别再纠结什么语音、语调的了，就当是自娱自乐。我也依了。说句一厢情愿的话，倘若自娱能娱人，自乐亦乐人，那就是我写这些文字的意外之喜了。当然，这跟方言研究扯不上边。既是"闲说"，行文自多率性随意，难免有穿凿附会之词。错了，恳请指正。

　　江吟先生是西泠印社出版社原社长，一直十分支持家乡的地方文化建设，曾先后两次为拙作《闲聊松阳》《松阳乡俗散记》题签书名。《闲说松阳话》定稿后，江吟先生再次慨允为本书题写书名，实在令本书大大增色。有劳江吟先生了。谢谢！

　　为这本小书配图的王芬天、朱楠影都是"90后"。王芬天擅长水彩画，朱楠影学的是版画。我请她们配图，她们都欣然应允，而且悟性都很高，依据书稿的文字，能相对准确地配出形象的画面。真难为她们了！

叶永萱

2020 年 5 月

目 录

撮　残 …………………………………………………… 1

怀　开怀　开怀奶施 …………………………………… 15

趣谈松阳话中的气象谚语 ……………………………… 19

松阳方言中的农耕文化印记 …………………………… 26

土话亦斯文 ……………………………………………… 39

生当鸡儿不入垙 ………………………………………… 43

孝养文化谚语的是与非 ………………………………… 47

"望戏夹买糖"新解 …………………………………… 55

从"烂脚碰着破缸爿"说开 …………………………… 62

惹不起的玩笑 …………………………………………… 66

大旱三年欠少一日 ……………………………………… 72

"窈宨"带来的快乐 …………………………………… 79

"恙忢"引起的激动 …………………………………… 81

"来不逮"和"囫囵吞" ……………………………… 83

"能干粽"和"无用粿" ……………………………… 85

"脱壳"种种 …………………………………………… 89

由"作"引出的话题 …………………………………… 96

"贱"与"慈" ………………………………………… 99

"下""落"及其他 …………………………………… 103

"东"与"西" ………………………………………… 107

"半斤对八两"的松阳地方版 ………………………… 111

"二八乱穿衣"还有下句 ……………………………… 114

攀针股 ………………………………………………… 117

死蛙蟆与面鸡娘……………………………………119

"三日照"与"退孵卵"………………………………122

千年打一更…………………………………………125

三百日长年二百日书………………………………128

"中界象"及其他……………………………………131

"囵"与"圆"…………………………………………134

帮娘舅揄牛…………………………………………140

鹭鸶帮鸭愁寒………………………………………143

盐园酱里在…………………………………………145

丐儿凿猢狲…………………………………………149

好吃懒做的形象诠释………………………………153

"脑指勾儿叩死人"及其他…………………………157

鲫鱼壳（儿）及其他………………………………160

拉屎撮到炒豆………………………………………164

病态种种亦生动……………………………………168

荤话并不"色"………………………………………174

"柴多炭多"的体验…………………………………178

猫儿抄食笋犬造化…………………………………182

紧奢慢磨……………………………………………185

精彩的形容…………………………………………188

从"犬娘带群"说开…………………………………193

"木勺补板壁"种种…………………………………199

附一：闲说松阳话…………………………………204

附二：趣谈松阳民间谚语…………………………214

后　记………………………………………………220

撮　残

　　我是甲申年的猴，年逾古稀，早已过了"卖萌""作秀"的年岁。但是，2013年中央城镇化工作会议上的一个提法让我感动了，会议提出在推进城镇化的进程中，"要让居民望得见山，看得见水，记得住乡愁"。所谓"以人为本""执政为民"，绝不是概念和口号，它有很实在的内容，就如"记住乡愁"，多么暖心又多么充满诗意。至少，我这样认为。

　　我这人不太关心时事。过后才知道，这是2005年习近平总书记任中共浙江省委书记视察安吉县余村时，对当地干部群众做的指示。

　　本文所记的"撮残"，便是我对"乡愁"丝丝缕缕的回忆和追溯。

　　五十岁以上的松阳人都清楚"撮残"这个松阳方言词汇的意思，指的就是，捡拾收获后残遗在田间地头的极少量农作物果实。对四十岁以下的年轻人来说，这个解释可能有点绕。而对四十岁以上的人群而言，把"撮残"和"小秋收"一联系，也许就能明白是什么意思了。20世纪七八十年代，学校都要在秋收后组织学生开展"小秋收"活动。这"小秋收"，是相对农民伯伯在田地里的秋收而言的。霜降节气前后，学校组织小学生去地里捡拾收获后遗下的少量谷物果实，上山去采集成熟的野果和树种，相比较农民的秋收而言，这就是"小秋收"了。正如20世纪50年代，国家开始实行社会主义建设，开展"五年计划"，而为了培养小学生的主人翁精神，学校也组织开展"小五年计划"活动。而"小秋收"和"小五年计划"差不多就是同一回事。那会儿，我正上小学四年级，每到星期日，我们都会去捡拾废铁、破玻璃瓶之类的，然后由班级统一上交学校。

这就是我们"小五年计划"活动的一项重要内容。

这里，我撷取若干定格在记忆里的关于撮残的场景，重温儿时关于撮残的充满童趣而又有点苦涩的种种。

撮麦（谷）头

松阳话将麦穗、稻穗称为"麦头""谷头"。"撮麦头"即"拾麦穗"。

初夏的日子，"田家唤作小丰年"，松阳人谓之"麦出"。麦子收割了，赶上天气晴好，成熟的麦秆变得脆松了，麦头容易折断掉落，于是收工后，一些妇女或孩子就在刚收割完毕的麦地里，捡拾掉地的麦头。

松阳虽不像北方地区大面积种植麦子，但是四十多年前，还是有不少水利条件相对差些的大田或滩圩旱地，会种上大、小麦的。赶上麦收季节，收割过后的麦地里，有不少老妪幼童在"撮麦头"即拾麦穗。这些年，松阳境内已没有农户种植麦子了，所以也就不再有"撮麦头"一说了。

十来岁时，我也曾有过撮麦头的经历。只是我们男孩子主要是假"撮麦头"之名，到野外痛痛快快玩一阵，所以撮到的麦头很是有限，充其量只够搓出麦粒，炒了当零食而已。成年妇女或者大姑娘心细性子慢，通常会撮得稍稍多点。将麦粒炒了磨成较粗的炒麦粉，松阳人将这种炒麦粉叫"麦焦"。加盐炒了，磨成的麦焦咸香适口；原味的麦焦拌上红糖，口感香甜诱人，完全不逊麻酥糖。当时我甚至还十分天真地认为，语文课本里说到志愿军叔叔在朝鲜战场一口炒面一口雪，这味道应该也很不错。真是"童言无忌"。

而用小石磨磨的带麦麸的面粉烩成的大麦糊，那麦香更是十分的诱人。啧啧，那年头也算是美食了。加点霉干菜搅成稠糊浆，用

拾麦头的，多半是娘娘和婶婶 （王芬天 绘）

一点点油烙成大麦煎饼，虽然口感粗点，但大麦香气十分浓郁，也是一种好点心。杭州人叫"麦糊烧"。如今城里人做煎饼加的料多了，如火腿、香肠、胡萝卜等，鲜味浓郁，但却少了诱人的麦香。

千万别说我倚老卖老。这些年都在说什么"儿时味道"，其实以我的体会，四五十岁的人挂在嘴边的所谓"儿时味道"，不过是火腿肠、方便面之类。而六七十岁的老人，或者更年长者记忆中的"儿时味道"，才是真的可遇不可求。十多年前，一个偶然的机会，我在一家餐馆用晚餐。餐前，服务员端上一杯茶色的热水，本以为就是一般的茶水，端起杯子到唇边的一瞬间，一股真正是存在于记忆中的麦香味窜入鼻孔，我忍不住深吸了两口——哦，久违了，大麦茶。六十多年前，我十一二岁时，偶有消化不良，土话叫"咥伤食"，打出来的饱嗝都有腐蛋味了。母亲知道后，倒出一些大麦，炒至半焦，然后加水煮开，滗出茶汤，稍稍加点糖。我喝了，过了一会儿，打出几个杂着麦香的响嗝。真神！不觉中肚子舒服了。

记忆中的麦焦、大麦糊、大麦煎饼，还有大麦茶，因为那些消失了的大麦已不复再有，这段文字带来的不过是一丝淡淡的乡愁而已。

撮豆残

比之撮麦头，记忆更深的当数撮豆残了。

早年间，松阳农村种植最多的豆科作物要数大豆（即黄豆）和马料豆。不像东北地区"满山遍野的大豆高粱"，松阳极少有在大田种植大豆的。为提高土地利用率，大豆多套种或间种。种在田岸（埂）边的叫"田岸豆"，种在烟叶畦边的叫"烟树田豆"。晒红烟是松阳著名的传统特产，曾得过巴拿马万国博览会金奖。松阳烟农种植烟叶的技术精湛，烟叶植株高大形同小树；大张的烟叶，叶片长可至三尺，宽几近两尺，是故烟农都将烟叶植株叫"烟树"。于是种烟叶的田就叫作"烟树田"了。

松阳人管大豆的秸秆叫豆柴，而且大豆秸秆晒干之后确实是当柴火烧的。"萁在釜下燃"是最斯文的说法。因为大豆长得较高，收获方便，少有漏残，所以种田岸豆、烟树田豆的地里少有豆残可撮。倒是打场脱粒时豆粒四处迸溅。每到傍晚，晒场四周会有不少孩子，在边上捡拾散落四处的大豆粒，而且所获还不少。

马料豆就不一样了。马料豆的种植在松阳绝迹已有四五十年了，很少有人再提到它了，所以关于马料豆，有必要多说几句。

为提高土地利用率，松阳的农民千百年来都有复种、套种的好传统，即一丘农田一年之间，先后种二茬或三茬农作物。早年间，松阳农村推行的耕作制度是"小（大）麦或油菜—水稻—马料豆或荞麦"，一年收获三次，术语称"三熟制"。随着农业生产技术的进步、良种的推广，至 20 世纪 60 年代，开始推广"小（大）麦或油菜—早稻—晚稻或玉米"，也是"三熟制"。农业技术人员把前者称为"老三熟制"，把后者称为"新三熟制"。这个推广过程自然会有阻力，因为农民们已习惯了传统的"老三熟制"。但是，解决六亿人的吃饭问题是压倒一切的头等大事。于是，最高领导层提出"全党动手，大办农业，大办粮食"的号召，把提高粮食产量放在了第一位。于是，农业科技人员大力开展各种推广试验，而且多有成功的例子，并以此教育传统保守的老农民。又于是，被视为低产作物的马料豆、荞麦之类自然被水稻或玉米替代。再于是，这以后没几年，马料豆、荞麦就在松阳农村绝迹了。

马料豆较黄豆粒小，外皮灰黑且间有黄白斑纹。顾名思义，这种豆在北方地区多作饲料，用来喂马。马料豆是散播的。那年头大田种的单季稻，种马料豆的稻田应该易于排水。农民会在水稻灌浆期，即松阳人俗称"散籽"到"戳头"这个阶段放水搁田。三五天后田土稍稍硬实，即可撒播拌上基肥的豆籽。十多天后开镰割稻，此时豆苗刚好长出两片真叶，植株比稻茬稍低，镰刀不会伤到豆苗。

水稻是禾本植物，收割后留下的稻茬，长在田里慢慢地还会抽出新绿。收割后，稻田里的野草有了充足阳光和养分，简直疯长（很有意思，松阳话和普通话几乎一样，叫"草都生疯了"）。所以到了收获马料豆时，豆秆几乎完全没在杂草和二茬稻苗之中。

拔马料豆的活多由妇女完成。她们在田里蹲着或是拿一条小板凳坐着，双手左右开弓，几个人齐头并进，将双手拔下的马料豆根朝上，摆成"人"字形，一行一行在田里整齐架好。收工前，男人会拿稻草将豆秆分别扎成两把，再将两把豆秆联系在一起。这叫"一

中稻收后的翻耕，叫"犁八月"

架豆"，就如一根跳绳，只是这"绳子"很短，而"把手"很粗。然后，男人会取来一条很长的扁担（松阳人叫"担杭"或"扁梢"），两端分别挂上十来架马料豆秆，挑到附近灰铺边或是田头的乌桕树下。之后，会有一个体格强壮的男人爬上树，选个合适的树杈站好，放下带钩的绳索，在树底下的人就将捆扎成把的马料豆稳挂在钩子上，站在树上的人随即将绳索往上提拎。最后将马料豆一捆捆架在乌桕树的大丫杈上，由高而低，一层一层，直到全部挂在树上。

那年头，松古盆地良田千顷，村前村后，田头地角，灰铺边池塘沿，到处都有树干苍老、树冠浓密的乌桕树。每年春末夏初，大麦收割后，满树新绿的乌桕树上挂满刚刚收获的大麦束。暖风中满树的大麦束渐渐变黄，约半个月后下树脱粒。六月酷暑，阴凉的乌桕树荫下，半躺着午后小憩的农夫；乌桕树边的小池塘里，刚刚放轭的水牛卧在池水中，悠闲地甩着大尾巴，拍打着叮在背上的牛虻。深秋时节，乌桕叶由黄绿而转淡黄至金黄，迎着嗖嗖的霜风又由金黄染成了绛红，树上满挂的硕实的马料豆更是将这颜色补成了浓重的暗红。入冬后，树上的乌桕籽该收获了，挂满银白色乌桕籽的小枝丫被用刀铡下，虬龙般遒劲沧桑的树干仍挺立在萧瑟的田野上，构成了松古盆地冬日的最常见的风景。松古盆地真是四季风景皆入画！

当然，松古盆地特有的迷人的春夏秋冬四时景都已是"过去时"了。四五十年后的如今，曾经随处可见的乌桕树所剩无几，造型非常卡通的灰铺也已少见了，大小麦、马料豆竟已绝迹，于是，种种如画的风景只有闭上眼睛才能在脑海里找到踪影。然而，那不过是一眨眼就会消失的幻觉而已。唉，又是一份醉人的乡愁！

因为马料豆是散播的，又因为水稻收割后杂草和稻茬的遮掩，要想真正拔得很干净是很有难度的。而且，稍不留神没准会把成捆的豆秆遗在田里。所以收获后的豆田里，会有成群的撷豆残的妇女和孩子。一些手脚灵快的能撷到不少的豆残。数量多的，就把豆子磨成"豆腐娘"，即北方人所谓"小豆腐"——将豆子浸泡至充分饱涨，磨了连浆带渣一并煮熟即是。豆腐娘可以当菜也可当饭，只是马料豆做的"豆腐娘"味道不及黄豆做的可口，细品起来稍稍有点苦涩味。一些撷得少的，则将剥出的豆粒加油加盐炒了，咸香松脆，下酒下稀饭都十分爽口。孩子则大把大把抓了当零食，开心极了。

记忆中最有意思的莫过于"燎（爦）豆荚儿"了。

马料豆收获的季节，某个星期六的下午，我们几个邻居小伙伴会相约窜到城郊豆田里，在不知被多少人撷过多少遍豆残的豆田里，翻找残留的豆荚。然后拉来几束稻草，将撷来的非常有限的稀疏挂着豆荚的豆秆，架在稻草上。带火柴的小伙伴划着火柴点燃稻草。看着蹿动的火苗，不一会儿，能听到豆荚爆裂时发出的噼噼啪啪的清脆声响。旋即，就能闻到烤熟的新鲜豆粒散发的清香。此之时，

有点太奢侈了，燎豆荚多在火堆上完成（王芬天 绘）

大伙都有些急不可待了，于是顾不得烫手的余灰，伸出脏兮兮的小手，直往依然闪着火星的草灰堆里翻拣已然散落的豆荚、豆粒。然后随意一搓，对着手掌轻轻一吹，大把仍沾着灰末的豆粒就往嘴里胡乱塞。焦香的豆粒烫得一个个张着小嘴直往外哈气，接下来就是一边抢，一边吃，一边笑，那局面简直成了"小丑汇"。待所有的豆粒被翻找得荡然无存，所有人也都满嘴乌黑、满脸灰土了。回想起来，那是真正的"乡土"、真正的"田园"、真正充满乡土味的童年。每忆及当年"燎豆荚"的往事，依然非常陶醉。

撮茶籽残

松阳人将油茶籽简称为茶籽。有研究表明，油茶籽榨的茶油健康营养，几可比肩橄榄油。

早年间，松阳县松古盆地四周山区、半山区地带，都有油茶树种植，以"下乡路"即今象溪、裕溪、板桥等乡镇为多，各乡镇都有上百甚至数百亩成片的油茶林。20 世纪七八十年代，不少地方都大面积砍伐油茶林，改种柑橘、茶叶之类，说是"上面号召"的。最近几年，又说油茶是绿色健康的食用油，于是"有关方面"又开始大力提倡种植油茶，加大原有油茶林的改造更新，以求高产。砍耶？种耶？

油茶籽的收获以霜降为界限。过了霜降三五天后，油茶籽过度成熟，油茶果实的蒲壳会自然裂开，油茶蒲里的油茶籽会自行脱落；而过早地在霜降前开摘，则油茶籽的出油率会大大降低。所以，一定要在霜降前三天开始采摘，争取在霜降后三天内采摘完毕。此时节，山民们不仅全家出动上山采摘油茶，不少人家还要雇请帮工。油茶林面积大的农户，有的雇三五个甚至更多的人。打个比方，那情景就如同现如今松古盆地的茶农赶摘清明前茶、谷雨前茶一般，多少人手帮忙都不嫌多。上山那几天，家里主妇为了款待好来帮工的伙计，整天在厨房忙个不停，家里的伙食比之过节差不到哪里。用"大块咥肉大碗喝酒"来形容，可以说一点也不为过。

当地习俗，霜降前三天上山采摘，霜降后三天采摘完毕。这叫"茶籽落山"（即采摘完毕）。此后，无论谁人都可以上山捡拾茶籽。即便山上还有未及采摘的油茶树，撮残的人也可以上树采摘，就当收残。所以西屏、古市一带不少有"下乡"亲眷的，都会在霜降前去"下乡"亲眷家，先帮着采摘茶籽，候茶籽落山，接着上山撮茶籽残。主人会将他们撮到的茶籽一并榨油，然后再将油送过去。如果是体力好手脚快的，可能会捡到百来斤油茶蒲，这百来斤油茶蒲可以榨六七斤茶油。在那个物资极度匮乏的年代，这六七斤油可是一个家庭大半年的用量。当年城镇居民每人每月应供的食油是二两五钱，即一百二十五克。用如今所谓健康的饮食标准，每人每天不超过二十五克油来衡量，一百二十五克不过是一个人五天的用油量。而现在的所谓"二十五克"指的是"不超过"，可是超过"二十五克"用量的大有人在。毫不夸张地说，当年还有不少人家常年用的是"福建油"。这是老百姓穷开心所做的文字游戏。松阳话"福建"与"勿见"发音相近,"福建油"即"勿见油",就是炒菜不见油。

撮鱼水

撮残,对各种不同的作物所使用的动词是不尽相同的,比如在番薯地、洋芋地、花生地里找寻漏残,就叫"扳番薯(或洋芋、花生)残"。"扳"即松阳话"翻"的意思。对于果树上残留的水果则用"摘"。"摘"在松阳话中发音"do",如"'do'桃儿残""'do'糖梨残"等。

而最有意思的是"撮鱼水"这个说法。"撮鱼水",即在已捞捕过的鱼塘里,找寻打捞藏匿于岸边草丛或石缝的小鱼小虾,即漏网之鱼。

早年间,松阳城乡一些池塘都养鱼。每到农历十二月下旬,主人都要将池塘里的水放干,"竭泽而渔",将捕到的鱼运到市场出售。这十来天,是一年中县城鱼市里鱼货最多的日子。要过年了,人们总希望"年年有余(鱼)",所以不少人家平常难得买鱼的,赶上过年都会设法买上一条鱼。

鱼塘捕鱼的日子都是三九寒冬。池塘主人和帮忙的人前脚刚上岸,早已等在四周岸边冻得浑身哆嗦的撮鱼水的小伙子们,争先恐后立即窜入齐膝甚至没过大腿的淤泥之中,拿着小网兜或者干脆用双手,在冰冷的淤泥里翻找钻入池塘底或是池塘岸边石缝里逃生的鱼虾。撮鱼水捞捕到的大多是小鱼小虾。倘若谁运气好,抓到一条斤把重的鲤鱼(草鱼)或巴掌大的鲫鱼,那人定会大声尖叫:"这粒鱼儿象真大!"松阳人将鱼的计量单位定为"粒"。尽管长时间浸没在池塘冰冷的淤泥中,早已冻得双脚通红甚至发紫,但人们依然会为这意外的收获而兴奋不已。

"这粒鱼儿象真大"，松阳话中"鱼"的计量单位是"粒"

（王芬天　绘）

　　我很少有下水撮鱼水的机会，倒是在岸边围观的时候多些。

　　撮鱼水在松阳话中还有"捡便宜"的意思，某人意外得着什么好处，自己或是旁人都会开心地说："给我（你）撮鱼水了。"

　　夏天也有撮鱼水的。松阳境内，除松阳人叫作"大溪"的松阴溪干流外，还有很多小河圳。"圳"在松阳话里是小河的意思，发音也很"地方"，类似普通话"yuan"的发音。

　　盛夏，干旱一至，小河水浅了，而此时也刚好是田里农活相对空闲的日子。于是，沿河一些村庄就会有人出面为头，联系一伙身强力壮又懂些水性的后生下河"茶（毒）鱼儿"。不过，大可放心，那年头用的是纯天然的药物——油茶籽榨过油后的油茶粕，松阳人叫"茶枯"。事先将茶枯捣碎置于水桶内，冲入沸水，稍加浸泡；待茶枯水呈咖啡色，即可将整桶茶枯水抬至上游一处适合洒药的河段，然后往河里慢慢倾倒茶枯水。一二十分钟后，这茶枯水的碱性起了作用，河里的鱼有些受不住强碱性的刺激，啪啪地蹦出水面，慢慢地晕晕忽忽浮在水面。于是这帮伙伴就从河的两岸下到河里，拿着小网兜（松阳人叫"虾擎儿"，松阳话里"虾"读作"hu"），捕捞被充满碱味的河水泡晕而失去知觉的大鱼小虾。

而此时，岸上齐刷刷站满的准备撮鱼水的大人小孩，都有些迫不及待了，有人趁着只顾捞鱼的"渔头"不注意，悄悄探下水去偷偷捞起鱼来，而"渔头"及伙伴们发现后，就会一边喝止一边随手朝偷偷下水的人身上泼水，以示警告。要知道，直挺挺地在骄阳下久久站立暴晒，还真不见得比寒冬腊月迎着刺骨的寒风，在池塘边等着撮鱼水好受。

一般而言，"渔头"和伙伴们也都知道"适可而止""留有余地"的道理。差不多了，也就收网回家，任由撮鱼水的小伙伴们捞些小鱼小虾。毕竟，河里的鱼并非放养，而是所谓公共资源。况且，乡里乡亲的，明年也指不定谁当"渔头"。

不独松古盆地的乡村，山区也有下河茶（毒）鱼的事。比如玉岩地区，当地人把这叫"冲大港"。听起来有些滑稽，山涧小溪也叫"大港"。玉岩地区在县城西南四十公里，是高山区。

盛夏，天热少雨，山涧溪流水流少了，但又尚未断流。此时，上游村庄的年轻人，就会约请某位年事稍长、地方上又有些声望的村民为"渔头"，然后议定某个日子"冲大港"。同样，他们用的也是茶枯浓液。在村头山溪上游水流相对平稳的河边，慢慢将茶枯液倒入水中。

山区小河水流落差大，自然而然会形成一级又一级的小瀑布，而小瀑布下游必然形成一个小水潭。此类水潭都不太大，水面宽三五米，深一二米，水流相对平稳，水中有上游顺流而下的丰富食物，所以这些小水潭自然成了山涧溪鱼的"乐园"。浓涩的茶枯液随小股水流潺潺而下，片刻后，水潭里的鱼儿就先后晕晕忽忽浮出水面。

和平原地区不同，"冲大港"的一伙人中，专门有两个人分别在两岸拉起一条绳索，或是用山上就地取材劈下的野生藤条，拦住闲人不让他们下水捞鱼。如有大胆顽皮的先下水撮鱼水，两人就会像挥舞跳绳那样，挥起绳索或藤条拍打水面，然后顺势朝抢先下水的人的方向摔泼过去，并阻止岸上撮鱼水的人也下水。一个水潭的鱼捞得差不多了，就往下个水潭转移，上游那个水潭就任由撮鱼水的人捕捞。如此顺流而下，直至药性过去了，水里未及捕捞的鱼儿又清醒过来，游弋自如。

被异化的撮残

撮残这事该是久已有之，按惯例所得都是归己的。它不同于一般意义上的"拾到东西要还人"，即"物归原主"。就如城市里捡煤渣的，贫民窟里或者棚户区里的苦孩子或是孤老太，在工厂边大堆大堆依然高温灼人的炉渣里细心翻扒，拣出一小块一小块尚未完全燃烧的小煤渣，难哪！这是一种劳动，那小半筐小煤渣作为劳动之所得，理应归己。

然而，到了20世纪六七十年代，常有"人民公社"社员在收获过的地里扳番薯残、洋芋残、落花生残而受批判，理由是那番薯、洋芋、花生都是长在集体的地里，就是集体的财产。捡了归自己，你就占了集体的小便宜，就有可能"由量变到质变"，慢慢地就会发展到挖集体的墙脚，就会走向犯罪。所以总有人会在"学哲学"之后，"提高认识"，把捡的那么点少得可怜的番薯或花生或洋芋，交到生产队仓库。

五六十年过去了，自然状态下农耕社会的闲适生活早已成了"过去时"，工厂化、现代化农业日益发展。随之而来的是传统村社连同撮残这样的生活片段、都以不可逆转的态势日渐消亡，而且是永远逝去，无可重现。所以，关于撮残的种种追忆，无论是快乐的、轻松的、无奈的、辛酸的，都十分令人依恋和回味。

怀　开怀　开怀奶施

"怀"，松阳话里有文、白两种读法，文读作"wà"，如"关怀"。白读作"guá"，如"怀里"。

《现代汉语词典》（第七版，后同）第565页释"怀"，"①［名］胸部或胸前"。"怀"共有6条义项。除了①，其他义项在松阳话里都作书面语用；而义项①的使用者，也多为上了年纪的松阳人。老奶奶会对孙子说："来，靠嬷嬷（即奶奶）怀（读作guá）里困会儿。"边说边把孙子搂进怀里。早年间，无分男女，人们穿的多为大襟上衣，出门时还要在腰上扎一条布腰带（松阳人称"躺布"，是一条约二尺宽、四尺长的粗布，解下抖开后，铺地上，可躺在上面小憩，故名）。随身物品多放在大扎躺布形成的上衣大兜里。出门时，家里的老人或妻子都会叮咛一句："东西园怀（guá）里，要园好！"或者："……都园怀里落心些。"即放在前胸衣襟里更安全。

开怀。《现代汉语词典》里有两个词条：

相国寺的鲁智深跃然纸上

（朱楠影　绘）

"开怀，心情无所拘束，十分畅快。""开怀儿，指妇女第一次生育。""开怀"，松阳话里也有使用，如"开怀大笑"。对于这层意思最形象的表现，莫过于传统戏曲里的"净"，即"大花脸"这个角色的舞台表演了。比如京剧《野猪林》中花和尚鲁智深，在相国寺院内敞开胸怀哈哈大笑的样子，台下观众定会大受感染，拍手叫好。

对于"开怀儿"，松阳话里并无这层意思。松阳话里将女子第一次生育称为"开生"，或者叫"开腹"。一个女子结婚多年还没生孩子，人们会说："她嫁了生多年，还勿曾开生过。"

京剧《玉堂春》中"三堂会审"一折，有苏三的唱词，道是："七岁被买到院中，在院中住了九年整，十六岁初开怀。"她所说的"开怀"，指的是接第一个客人（剧中这第一个客人就是后来做了八府巡按的王金龙）。现代影视作品里也屡有此类镜头，女人宽衣开怀，和心仪已久的男子成就灵与肉的交融。可见，"开怀"也有这样一层意思，指女子解开衣襟敞开胸怀，接纳男子。

从生物学的角度看，任何物种都有维持生命和繁衍后代两大本能要求。摄取食物是维持生命的需要，而两性交媾则是繁衍后代的必然。所以，食欲和性欲这两种生理满足，带给任何动物的愉悦，是其他任何满足所无法替代和比拟的。由此，可以认为，用"开怀"一词形容人的心情十分愉快，实在是最本真最精彩的释义。我们的先贤所说的"食、色，性也"着实是至理名言。

饮食之乐和男女之欢，乃大自然赐予人类的最好礼物。

本人并非自然主义者，且从社会学的角度去阐述两性关系的伦理、道德、情感层面的话题，不属这篇小文议论的范围，所以千万别把我的"闲话"给"妖魔化"了。

开怀奶施，"怀"读作"guá"。"开怀奶施"是松阳人常用的俗语，用以形容某人上衣敞开，乳房或奶头裸露在外。小孩子衣服扣子没扣好，大人（家长）会教训道："衣裳开怀奶施起，哪依样子。"某人衣衫不整，袒胸露肚，背地里别人会说："那个人象真不修齐，整日开怀奶施。"

"开怀奶施"的事早年间其实也常见。

五六十年前，我家隔壁住的一位老叔婆（普通话所谓的"老奶奶"），个子蛮高，胖乎乎的，穿的衣裳很肥大；除了夏季，其他季节她整天都系着一条长长的围裙，眯着眼睛，嘴角

天热了，这叔婆会敞开上衣纳凉

（王芬天　绘）

上总是挂着微笑。那个形象很有点异国情调，就像在电影或电视上看到的俄罗斯老太太那种样子。夏天，吃过晚饭，天色将暗，老奶奶就会搬过一把竹靠椅，在上间（厅堂）边门的弄堂口坐下，然后解开上衣，拿着一把大蒲扇缓缓地摇着。我们几家邻居的小孩在天井、厅堂嬉闹玩耍，老奶奶袒露着硕大的双乳，毫无顾忌地和我们这群孩子说话。还会不时拿扇子拍拍跑过她身边的孩子，叮上一句："小心些噢！"

其实，不只老太太，也不只在晚上，稍稍有些闲暇的日子，或在社亭里或在大门坛（即大门前小院子），妇女们都会聚在一起闲聊。闲适的女人们有手上做着针黹的，有怀抱孩子逗乐的，且哺乳婴儿

时，从来不回避外人。即便有男人走过，也照样会从容地解开上衣，露出因注满了乳汁而更显丰满的乳房，拿两只手指夹住奶头往孩子嘴里送。而稍大点的孩子还会一边吮着奶头，一边用小手摆弄着母亲另一只乳房；母亲也会任孩子稚嫩的小手在乳房上轻轻滑过，一脸安详，充满柔情地和孩子对视。那情景无须形容，就是松阳人闲适的田园生活的写照。

那些"开怀奶施"的女人，绝对不会产生"被骚扰""怕走光"的顾虑；而男人们也绝不会想入非非，做出什么出格的举动。真正的民风淳朴！

社会进步了，人们的物质生活和精神生活都改善了，提高了，如今"开怀奶施"的人少了，这也是好事。

趣谈松阳话中的气象谚语

　　余生亦晚，1957 年才上初中。记得那时学校图书馆里有一套课外辅导书，是一个系列，有《趣味物理学》《趣味数学》《趣味化学》《趣味生物学》等。这套书用生动的语言和精彩的故事，把枯燥的理科知识讲得颇有趣味。受其启发，试着用"趣味"为题，说说气象谚语，以求一乐。

有谚云"过了小满籽，不刈自会死"（王芬天　绘）

　　"天行有常""天人合一""顺应天时"等许多关于人与自然关系的古训，都是我们的先人在千百年的生存实践中总结出来的带规律性的法则，是人们在生产、生活中必须遵循的。在人与自然的关系中，最为现实、最引人关切的是人与天气的关系。所以千百年来各地产生并流传的关于气候、天气方面的谚语俗语很多；而且因为中国幅员辽阔，东西南北中，各地气候物候大不相同。比如到了春天，南方地区是"春水满四泽"，北方却是"春雨贵如油"。而到了夏季，北方地区是"夏雨遍地流"，而地处江南的松阳却是"六月断水流"。

松阳话中的气象谚语切合时令，指导性明确，警示性强。从语言学角度而言，不少谚语在语法修辞、音韵节律等方面也算得上口头民间文学的佳作。

（一）

在松阳，大小麦作为主要粮食作物已是三十多年前的事了。一直以来，麦子都是在稻谷登场前一两个月作接济饥荒之用的。那一两个月就是民间所称"青黄不接"。20 世纪 80 年代末，松阳境内小麦种植减少，至 90 年代中期，松阳境内几无小麦种植。因为是接荒之用的作物，人们对于大小麦的生长是十分关切期待的。是故，与麦子生长有关的气候谚语也不在少数。

先挑几个有趣的来说。"天晴十月廿，无麦也有面。"和它意思相近的还有"十月廿四晴，丐儿喊太平"。为什么小麦的收成和农历十月二十前后的天气晴好有如此大的关系呢？这是因为在松阳农村，大小麦播种大致在农历九月底至十月上旬，即秋末期。当然，也有迟至十月中旬的。这时，倘还有人在点（播）小麦，熟人路过兴许会来一句："无事，不早不晚十月半。"当然这是对延误农时的并无恶意的嘲讽，还可以理解为旁人的一种宽慰。其实也真无妨，松阳还有谚云："点麦上下月，刈麦上下日。"因为小麦的成熟期是小满节气的前后，过了小满再不收割，麦子成熟过度则会脱粒，造成减产。有谚云："过了小满籽，不刈自会死。"另外，收割再延后，则会影响下季的水稻栽种。

看，信手拈来，就是五句与麦子有关的气象谚语，而且念起来朗朗上口，诙谐风趣。

回到"天晴十月廿，无麦也有面"这句谚语。小麦是旱地作物，麦子下种时间多在农历九月底到十月上旬，农历十月二十前后这段时间天气晴好，利于小麦发芽，利于苗期生长。任何农作物，苗期生长好坏直接影响到农作物产量高低。作为旱地作物的小麦，苗期无涝渍影响，生长苗壮，于过冬后的分蘖灌浆阶段的生长自然大有裨益，农人对于丰收的预期会大大提高。所以才会有"无麦也有面"的夸张之词，才会有"丐儿喊太平"这样的升平欢乐之象出现。

顺便一说，松阳人一直认为，北方人体魄强壮是因为他们以麦面为主食，且肉食也多。其实还真是有道理的。小麦生长期长，松阳人说"麦咥四季水"，秋末下种，经历严冬，来年开春后分蘖、拔节、抽穗、灌浆，至夏初小满前成熟收割，生长期在一百五十多天。所以小麦的营养成分中蛋白质、脂肪及各种营养元素的含量，比水稻、玉米都要高。是故，食用面食于人的健康应该是大有裨益的。

还有更夸张的。你看，"先雪后霜，一个麦头两个人扛"。这可以说是民谚"瑞雪兆丰年"的松阳地方版。听到这句谚语，脑海里浮现的就是一幅极具戏剧色彩的卡通画面，会让人想到天津杨柳青年画，会想到无锡泥人"大阿福"。两个憨态可掬的大头娃，咧嘴大笑，红肚兜，白臂膊，胖脚丫，扛着一枚硕大无比的麦穗迈步向前。典型的中国式卡通。

传统农耕社会，完全是自然经济，仰赖老天爷，靠天吃饭。风调雨顺，是先民们最大的祈求。即便是"十月廿四晴"了，倘若冬天奇暖，各种害虫病菌过冬后大量繁殖，也会致使农作物病虫害大面积爆发。要知道，大约七十年前，松阳农村（其实说整个中国

"一个麦头两个人扛"，有点夸张 （王芬天　绘）

也不为过）鲜有农药的使用。如果病虫害成灾，庄稼必将大面积大幅度减产，几可到颗粒无收的地步。那年头不像如今，有各种高效低毒的农药，有高压喷雾器喷农药治病虫害，还有开着拖拉机喷洒农药，甚至有用飞机喷洒灭虫的。二十四节气中的霜降在农历九月中旬，松阳地处江南，大体而言，霜降节气到了还不至降霜。气象资料表明松阳盆地的初霜期大约是 11 月中旬，初雪日在 12 月为多。倘若 11 月中旬未见有霜却先下雪，表明天气骤冷，那么各种过冬生物尚未完成蛰伏的过程，大雪严寒必然导致大量的昆虫、病菌被冻死。由之，可以预见来年农作物遭受的病虫害将大大减少，而作为夏收作物的大小麦就是最大的受益者了。眼看明年春荒不再难渡，只求温饱的黎民百姓当然十分满足了，就有了"先雪后霜，一个麦头两个人扛"这种极度夸张的谚语，以抒发内心喜悦，期待大小麦丰收的到来。好开心啊，一个麦头（穗）就要两人扛。

（二）

"六月不热，五谷不结。""六月霤暝（夜）雨，家家咥白米。"更厉害了，农历六月的天气关乎五谷、关乎吃饭。究其原因，乃水稻生长周期使然。

一般而言，南方盛夏少雨，松阳亦然。清明过后水稻移栽，松阳人叫"插田"。此后，经过分蘖、拔节、抽穗，到了农历六月水稻扬花灌浆，进入成熟期。这个阶段既需要充足的水分又需要足够的阳光。农历六月夜雨满足了水稻灌浆期对水分的需求，而农历六月大热能保证稻穗完全受粉，促使谷粒饱满。作物对于肥料的需求，种田人可以有些主观地改善提高，而水分光照要得到充分满足，唯祈老天眷顾。而且，农历六月松阳地区还常有夜里下雨，白天却烈日当空、酷热无比的情况。此所谓"风调雨顺"的好年景。是故粮食丰收，阳光雨露，功莫大焉！也才有"松阳熟，处州足""处州大米出松阳"之类的对松阳极尽赞誉的民谣流传。

"赤日炎炎似火烧，田野禾苗半枯焦。"早年间，为抗旱保苗引水灌溉，同村或邻村农民们有协商互让，同心协力，以保丰收；也有各不相让，争执械斗，甚至因此闹出人命的。松阳县历朝历代的地方政府为平息水利纷争，保障社会安定，出具过不少官牒公文，乡绅佃户们有一体遵循的，也有视若废纸的。总之，年复一年，在互让和纷争中，日子过去了。

（三）

"水利是农业的命脉。"这话一点不夸张。

这里讲两个松阳地方的农民因农田用水引发的真实故事。

故事一如下。

20世纪30年代初，松阴溪畔有一个算得上富裕的村子。H家算是小康人家，十多亩田够一家人过上衣食无虞的生活。才当家的H，时正年轻。他家有几亩田坐落在邻村，而与之相毗的是邻村X家的田。X家男人早已亡故，唯寡母带着三个女儿苦苦操持家业。X家的田在上游处，这就导致H家欲引水灌溉，则水必先过X家的田，而后才能到H家的田。大旱日子，引水沃田各有水期。每值放水之日，若X家在先，则H总会提出与之相换，让他家先放。如此"互换水期"唯一的结果就是，水流先过X家的田，再流进H家的田，这就相当于把早已是"久旱盼甘霖"的X家田里禾苗，先"免费"浇了一遍。而且，如此"利人不利己"的举动是一而再再而三地发生。X家甚为感动，觉得H这小伙子忠实可靠，提出欲将小女儿许配H家。然H执意不从，称绝无图报之念。几次三番，H家拗不过人家的诚意，最终娶了X家的女儿。终于成就了一桩因善举而生的姻缘。这H为人随和乐呵，热心地方事务，可谓德高望重。二十年前地方重修宗祠，论辈分、年岁、威望，被同宗推为族长。H老人寿高九十一岁，无疾善终。

故事二如下。

这是一个跨越时空的故事

20世纪60年代初，Y某已年近花甲（姑且称为老Y），一次外出回松阳，在金华火车站等待转车，候车时和邻座一年轻人攀谈起来。年轻人也姓Y（那就称为小Y），算是同宗了，于是二人有了一些深入的交流。当得知老Y是松阳人时，小Y大为感慨，说他曾祖（松阳人俗称"太公"）于清朝光绪年间曾在松阳当过知县，后调任衢州，致仕后遂居衢州。小Y说，曾听前辈人讲过曾祖父在松阳任内的一件事。

说是某年大旱，城郊X村为争水出了官司，一Y姓农户将同村一人打伤。第二天即将过堂，曾祖父心绪不宁，同宗之人吃官司他总想相帮一把，但又不可枉法徇私。晚饭后在后堂来回踱步，很是不安。当时曾祖父的母亲即高祖奶奶尚健在，问及儿子因何不乐，曾祖父如此这般向母亲禀报了，高祖奶奶略加沉思后言道："过堂时只管询问 Y 某可曾殴打对方致伤。只要 Y 某矢口否认，即可称证据不足，驳回不理。"曾祖父也觉得母亲所言不妨一试。

第二天遂进衙理事。退堂回内衙，依然不乐且长吁短叹。母亲问及缘由，曾祖父叹道："我 Y 姓人何以如此耿直忠厚！"原来升堂审理时，他照着母亲提示的意思开言问道："Y 某是否打过某人？"没想到这位本家汉子竟把案件所有细枝末节，一缘二故说了个一清二楚。原来，某人在 Y 某田里偷偷放水，Y 某知悉后劝阻未果，遂与之发生口角，继而对方先出手打人，Y 某情急之下才用锄头柄将对方打翻在地，然那人伤势不重。最后小 Y 曾祖父判定原告滋事在先，咎由自取；被告防卫过当，误致人伤，具结悔过。

老 Y 听罢连连击掌，言道真是奇遇，那个打人致伤的中年人就是他的祖父。当年以撑排（筏）为业，积攒了一些银钱买了几亩田。逢枯水期在家耕种，他体格强壮，秉性耿直，为人忠厚。老 Y 也曾听父辈说起过这桩冤枉官司的事。斗转星移，没承想七十多年后两家的后辈还能奇迹般相遇。缘分哪！

可见，一些电影、电视剧里的离奇情节，并非都是杜撰臆想而来。上述两个故事足可编出一些精彩剧情。

再说一遍，这两个故事绝无演义的成分。

松阳方言中的农耕文化印记

松阳乡村春耕季节常见，松阳话中把"插秧"称为"插田"

（一）

有一段时间，"田园松阳""农耕文化"在松阳成了很热的热词。"松阳论坛"里，领导和专家们从理论的高度及专业的深度，对其做了种种诠释。浅陋如我者，自不敢多有妄议。

以我一个老松阳人最草根的理解，尽管如今"日出荷锄、日落牧归"的传统田园生活方式已从许多人的生活中淡出而至消失，但农耕文化依然植根于一千四百多平方千米的松阳大地之上，融汇于二十三万松阳人的血脉之中。

一点不错，"绿水青山就是金山银山"。松阳人日复一日，年复一年，世代在这方土地上生活，他们的劳作、休憩、娱乐、饮食、服饰直至语言等方面，无不流露出对传统农耕生活的认同，无不打着古老农耕文化的印记。当然，随着时代的进步，有的内容已经消失，有的行当将消失，有的在原

有点"复古"，七十多年前插的秧是那么疏

（王芬天　绘）

有的形式上被赋予了新的内容，或者原有的内容以合乎时代的形式重新表现。当前我们首要的任务就是，恢复已经消失的，保护行将消失的有松阳特点的农耕文化的精华，使之得以传承。

这是闲话。

作为传统农业县，松阳方言中有许多表现松阳人千姿百态的农耕生活的精妙语汇。这里聊举一组，与各位分享松阳话带给我们的美妙享受。

水稻是松阳的主要农作物。松古盆地，良田万顷，金秋时节，稻菽千重浪，那景象令老辈松阳人永记不忘。那是过去。如今已被绿荫苍郁的茶园所替代。

当年，农事活动依季节而安排，完全是自然经济，小农经济。

水稻从播种育秧到成熟收割，大约需一百二十天。除去播种育秧，水稻栽培流程可以分几个阶段，专业书籍或教科书上对各个阶段是用术语描述的，比如"播种""移栽""分蘖""拔节""孕穗"等。老辈的松阳农民却用形象直观、生动鲜活的土话来描述水稻生长的各个阶段。

水稻秧苗移栽到大田，即松阳人所称"插田"。此时田水较满，秧苗还悬浮于插秧时留下的指穴之中。过了三五天，秧苗的须根完全植根于田土之中，此时秧苗便稳定了。松阳话将此称为"坐蔸"，即根系已扎入土中，坐实了。《现代汉语词典》释"蔸"，"相当于'棵'或'丛'"。松阳话中的"一蔸菜""一蔸草"即是。看来，松阳人"坐蔸"这个叫法倒也蛮规范的。只是"蔸"的读音稍有不同，松阳话读作"den"。

随着"坐蔸"的过程，秧苗因捆扎而垂软的叶片渐渐翘起，在微风中轻轻摇曳，松阳人把这叫作"娆叶"，多有诗意啊！微风中绿茵茵的水稻秧苗叶片，轻轻摇曳，宁静的田野就如一幅精美的油画。

又过了十来天，秧苗移栽后植株开始分蘖，松阳人把"分蘖"叫作"发棵"。此时稻田的水要排去，以利根系充分发育，有助分蘖，这个过程也有半个来月。渐渐地，稻田里的植株一行与一行之间的叶片会互相挨连，从田埂上或从远处看，已经分不出稻苗的行数。松阳人把水稻植株充分分蘖后行行紧挨的样子叫"挨带"。一行（带）挨着一行，直观形象。

充分分蘖之后，稻苗开始"囵秆拔节"。为了支撑稻穗，必须有相对坚挺的茎秆。从力学的角度看，稻秆呈现的圆柱体，是能最大限度支撑稻穗的结构。这个过程也要十来天，"囵秆拔节"的叫法倒和专业的叫法较为一致。

水稻拔节之后就进入孕穗阶段。较之"孕穗"的表述,松阳农民的叫法十分直观,干脆就叫"大腹"。"腹",松阳人读作"bó",即腹部。这是最直白的叫法。松阳人把妇女怀孕就叫"大腹",称"孕妇"为"大腹奶儿"。

谷穗在叶苞里孕育了五六天,穗尖露出植株顶部。一眼看过去,稻田一片浓绿,两片顶叶间淡绿色的穗尖,给人一种充满生机的感觉。松阳人将此状态称为"衔口"。谷穗含在稻秆最高处的两片叶子之间,很有点"含苞欲放"的意思,"衔口"这个叫法也很有点雅意。那两片顶叶,松阳话叫"枪叶",它稍短且硬,刚好可以包裹住稻穗。它坚挺向上,就如红缨枪的枪尖,故名。自然界真是美妙浪漫,一切生物都会以最有效的手段来孕育和呵护后代。

慢慢地,过了一个星期左右,所有的稻穗都长得高出了叶面。又过了三五天,开谷花了。此时站在田边一眼望去,淡绿色的稻穗上缀着点点白色的稻花,于是你一定会情不自禁地吟起"风吹稻花

丰收了,总是开心的(王芬天 绘)

香两岸"。这句歌词十分有生活气息又非常艺术，这就是经典。

稻穗长过叶面，原先深绿的稻叶尖部已微微泛黄，衬着淡绿的稻穗，已经齐穗的稻田生机一片。只要不是遇上十分恶劣的天气，再有一两个月，稻谷就有收成了。而这个阶段正是俗话所说"青黄不接"的日子，所以贫困家庭的当家人，巴不得能早一天开镰刈谷。松阳话里有一句俗语表达的就是人们对新谷收获的企盼，叫"谷儿齐齐，廿天苦凄"。意思就是，尽管稻穗已经出齐了，但还得再在凄苦中等待二十来天，才可以收割稻谷。急切之情，溢于言表。稻谷齐穗后，进入灌浆阶段。此时，原先紧束的稻穗会因为谷浆的重量作用渐渐分开。松阳土话把稻穗上的谷粒慢慢分开称为"散籽"，即谷粒分散，稻穗展开。

灌浆的过程要持续十来天，谷穗稻浆灌得饱满了，于是就有所谓"沉甸甸的稻穗"。此时水稻植株已不能挺直着承载稻穗的重量，稻穗开始下垂。松阳人把这叫作"戳头"，翻成普通话就是"耷拉着头"。当然，大田中亦有若干植株因为病害、虫害或其他什么情况，不能成功灌浆成熟，所以这若干的秕谷永远立着。于是，一些有文化的人就会用不实的秕谷，来形容那些无知自大的人，总是骄傲地仰着头；相反，低垂的沉甸甸的饱满的稻穗，则被用来赞誉那些虚心好学之士——谦逊地低下头。

"谷儿齐齐"已有十来天了，稻穗已灌浆饱满，稻谷在阳光照射下渐渐由绿泛黄。此时稻穗的颜色接近于黄鳝的体色，所以松阳人把这种稻谷接近成熟的黄色，称为"鳝鱼黄"。如果天气条件好，就是以后几天多晴好天气，阳光充足，那么不出一个星期，稻谷就由"鳝鱼黄"变成了金灿灿的"稻菽千重浪"。农民们望着眼前一片黄灿灿的稻谷，享受着"春种一粒粟，秋收万颗子"的喜悦。这种体验在我当农民的三年中常有感受，尽管那年代是"集体"生产，自己能分得的稻谷也十分有限，但是享受丰收的喜悦、感受劳动的乐趣，却是"公私一体"的。

记得我老外公、老岳父这一辈老农民，大多有这样的经历。他们从插秧到收割，每（天）走过大田时就会对着生长的稻苗叨念："坐苑—挨带—大腹—衔口—鳝鱼黄。"（在这种热切的企盼中，他们终于收割晒场、挑着满满担的稻谷贮入谷仓／谷柜，以维持全家一年粗茶淡饭的平常生活）与此企盼一起的还有另一套企盼或叨念，延续着他们的一生。过完新年，上些岁数的老农就掐着指头数

八十多岁了，三餐烧饭后，母亲都会把灶台清理得一干二净

节气，算计着一年到头的农事安排，从"立春—雨水—惊蛰—春分"直到"立冬—小雪—大雪—冬至—小寒—大寒"，然后周而复始。在这样不断的有序叨念中，年复一年，松阳的农民在传统的农耕生活中，创造着自身生存所需的丰硕的物质财富，也创造着有松阳特色的原生态的农耕文化。时髦的说法，这也就叫"精神财富"吧。

（二）

在农耕生活越来越淡出人们记忆的当下，窃以为很有必要通过各种途径，让太多太多只把按键盘、扫二维码当成生活基本内容的"什么什么族"，去了解一下五十年前、六十年前，甚至更早些时候充

满野趣的真正的田园生活。当然，千百年来一些十分辛酸苦涩的场景或过程就删略去了。

老母亲还健在时，一日和她闲谈，感慨时光流逝之快，仿佛清明刚过没多久，转眼又到小满，该是小麦收割的季节了。母亲笑了笑说："过日子就是这样。古老言有句话，'一序谷一序麦，头发帮你慌白'。"听完母亲的说道，我略加沉思，意识到老辈松阳人的"古老言"真是充满哲理。

这句话里的"序"字，翻成普通话就是"茬"，松阳话读成"水"的发音，有的就直接写成"水"。"帮"在此处是"让"或"给"的意思；而"慌"则不难理解，是"忙"的意思，松阳人讲话都用"慌"字来替代"忙"字，"十分忙"叫"十分慌"，"你在忙些什么"就说"你在慌哪些"。上面母亲那话的意思就是，种田人一年忙到头，一茬稻谷接着又是一茬麦子，如此周而复始，年复一年，从小后生（小伙子）到青壮后生，直到白了头驼了背，让岁月给磨成了举止迟缓、步履蹒跚的老头。"一序谷一序麦"，看似一句十分轻松的俗话，里面包含的是从播种、培育、施肥直到收割、晾晒，农民一年乃至一辈子的汗水和辛劳。它的结果是无可抗拒的——"头发帮你慌白"。

还有一句话，很能反映松阳农民是如何合理安排、充分利用时间的。老辈人常会说"正月草鞋二月柴，三月落田大开怀"，流露的是劳作带给劳动者的快乐。

北方有"猫冬"一说，到了冬天，户外天寒地冻，滴水成冰，已无任何农活可干，农民们都蜷缩着窝在家里，家里烧着火坑火墙，很暖和。而松阳地处江南，四季分明，即便是寒冬腊月也不至冰冻三尺，极端气温也不过零下五六摄氏度，况且也不过那么短短几天，所谓"（农历）十一月冰一冰，十二月便开春"。这是我父亲每到严冬时节，常挂在嘴边的一句俗语。

冬闲季节，不少农户都在家为来年农忙做准备。早年间农民上山下地多穿草鞋，不少农家自备有加工草鞋的工具，冬天或雨天在家打几双草鞋，以备农忙时穿用。正月里闲空，且又备有过年所需物品，正是一年中少有的衣食无虑的阶段。于是"正月草鞋"就是对生活最好的调剂了。家里没加工工具的，则会在需要时，到集市买几双穿用。当然，也有赤贫人家连草鞋钿也无处来，就只得赤脚干活了。这样可怜的人家也不在少数。早年间松阳县四都乡不少农户长年打草鞋出卖。当年的草鞋箬帽市场就在申亭一带。

说到草鞋，倒有必要再说几句。稻草以稻谷品种分，可分为籼稻草、粳稻草、糯稻草。松阳人打草鞋，以粳稻的稻草为上等原料。籼稻在松阳叫"哐谷"，稻草过于软，且白净度不抵粳稻草。而粳稻草软硬适中，最适宜打草鞋。糯稻草比较硬，而且上辈人都说糯

打草鞋，也是力气活 （枫坪乡政府供稿）

稻草打的草鞋穿着令皮肤发痒，打草鞋不行，铺床当垫褥更不行。所以讲究的人家都会小面积种点籼稻，稻谷留了打（黄）米粿，稻草（稿头）留了打草鞋。当然，真没粳稻草，就拿干爽白净的籼稻草，打的草鞋也不错。

仍是小农经济的松阳地区，无论城乡，柴火是唯一的能源，家家户户烧水做饭用的都是木柴或禾草。县城大市路一带就是早年间的柴行（市）。古老话所称"开门七件事"，柴米油盐酱醋茶，柴是第一位的，就是喝汤也得烧开呀。正月里放松了一段，已养足精锐，于是春播前的农历二月，各家各户的青壮劳力都会约伴上山打柴，多备些柴草，以应农忙之需。所以"二月柴"这个安排是很合理的。

记得20世纪70年代初，我务农三年，每到农闲，天气晴好就上山砍柴。凌晨四点光景，顶着月色，踏着霜露，匆匆上路。大冷天甚至踩着嘎嘎作响的"地笋"上路（"地笋"，松阳话，指的是潮湿的泥巴因冰冻而突出地面的冰凌），赶十多里路进山砍柴。砍

山区还有靠卖柴为生的老叔　（摄于 2001 年）

上百十斤柴火挑着回家，这可不轻松呵。经常是摸黑到家，此时人已疲惫之极，而倚在门口眺望的母亲和妻子，一定会在隐约看到我蹒跚而行的身影后，才吁口气往门内走去。上山砍柴的经历都过去快五十年了，回想起来仍然揪心。"慈母倚门情，游子行路苦"，太真实了。

"二月里来好春光，家家户户春耕忙。"松阳农村，到了农历三月，谷雨前后，各家各户陆陆续续开始插秧。此时的田畈，只待插秧的大田水平如镜，已经插上秧苗的稻田淡绿如茵，油菜田里繁花似锦，小麦田里深绿如墨。千万注意，农历三月的阳光下，头顶箬笠、扶犁驱牛的农夫，撩起袖子、敞开衣襟、袒露胸脯欢乐劳作的壮汉们，才是这幅彩绘上最引人眼球的亮点。我的文字很俗，可是脑子里记忆的画面真的美不胜收。人们栽下秧苗的同时，栽下的还有对丰收的期待，你说能不开怀吗？这里的"开怀"两字，从中除了能直观地看到袒露胸怀忙于春耕的农民，还可以感受到他们发自内心的欢快，对丰收的热切期待。只可惜，如今的农村已不再有这种场景了。

真的，许多松阳土话的画面感很强——"三月落田大开怀"又是一例。松阳话把"下田"称为"落田"。

（三）

（一）（二）节从相对宏观的层面说了一些自己的见解。一家之言，解读片面的内容恐不在少数，望农业、文化、方言方面的专家指正补遗。

小而言之，对于具体的农作物，松阳土话中也有不少指向性强、生动形象甚至还略带点俏皮的俗语，描述农作物的特性、生长过程。细究之，也颇有一番趣味。

"豇豆栽芽，落苏（茄子）栽花。""豇豆落苏菜"是松阳人最为多见的夏令时蔬，此处豇豆落苏以外的"菜"，一般而言指的是苋菜、空心菜之类夏令常能吃到的绿叶蔬菜。松阳县城东门、南门，以及近郊如项弄、水南等村有菜农除了种菜外，还兼带培育菜秧出售。

"豇豆栽芽"，说的是豇豆苗只要种子破壳，长出寸多长的豆芽，就可以移栽，不用育到长出真叶片。以我并不专业的农业知识去理解，或许是因为豆瓣里的营养丰富，移栽后秧苗刚好吸收子叶（坯芽）的养分成长，几天后就会长出真叶。而且豇豆是蔓茎作物，植株大了，透出蔓茎就不宜移栽。何以落苏苗即便已经开花，也还宜于移栽呢？那是因为落苏秆茎不高且支撑力强，稍稍长大点的秧苗根系发达，利于植株稳定生长，所以落苏苗即使长到已有花蕾，也无碍移栽。

我的理解可能不尽全面，但可以肯定地说，这些都是农耕文化最细节的体现。

"清明对出，谷雨对长。"如果不言明恐很少有人知道是指何种作物，这描述的就是"雨后春笋"。

关于春笋的古诗词不在少数，文人所作自然斯文有加，而松阳土话直白通俗，有些其实也挺有文采的。"清明对出，谷雨对长"，字面对仗可称工整，四字一句也很上口。"对出"一词，就是说清明（前）竹山上冬笋纷纷破土而出，上山看去满眼三四寸长的春笋芽子，松阳人称牛（羊）角笋。倒应了宋代黄庭坚诗句"竹笋初生黄犊角"。黄庭坚，江西修水人。江西盛产毛竹，黄庭坚自然有过不少与竹子、竹笋有关的生活经历，所以比喻十分贴切，山上刚破土长出的春笋真的酷似黄牛犊子的犄角。"谷雨对长"，说的是从清明到谷雨这半个来月，天气渐趋暖和，雨水更加丰沛，各种作物都到了盛长期，竹笋也不例外。"你长、我长、大家长"，竹山上的竹笋一个劲拔节往上长，真所谓"节节高"。没过几天，竹节边上的嫩芽长成了嫩竹枝。北宋大诗人范成大有过这样的诗句："竹笋漫山凤尾齐。"嗬，齐刷刷长出的嫩竹枝宛若漫山的凤尾。八百年前，范成大还是我们丽水人的"父母官"——宋乾道三年（1167），范成大曾任处州知府。看来他也很有乡村生活的体验。这诗句描绘的就是谷雨前后竹山上笋向竹的"质变"的景象。

"清明对出，谷雨对长"（王芬天　绘）

　　"立夏梢，无人拗。"松阳盛产茶叶，这些年地方政府着力推动茶产业发展，松阳成了名副其实的绿茶之乡。早年，乡里坊间流传着许多关于茶叶的俗语土话，例如"浅茶满酒""头道苦、二道补、三道汰屁股"等。我最为欣赏、认为最精彩的，是前些年老母亲的一句关于茶叶的经典语录："立夏梢，无人拗。"雀舌、珍眉、旗枪诸如此类，都属上等江南（清）明前好茶，乃绿茶中的珍品。清明前，茶树才露出尖芽，村姑农妇纤细指尖轻掐快采，四万多颗这种嫩芽细叶，始得一斤干茶。（谷）雨前茶尚能称为好茶，只是芽蕻要比明前茶稍大稍粗。春生夏发，到了立夏，茶树蓬勃旺长，而枝叶木质化，成了茶树梢，不再是碧绿细嫩的蕻芽。早年间，深山里的野生茶叶是可以任人随意采摘的。过了立夏，茶叶嫩芽长成树梢，自然无人问津了，要知道，它已经老到要用力折拗了。"拗"松阳土话发音近于"ao"。

我一直被这句充满动感的俗语的语言魅力所折服，形象直观、简洁生动。老辈松阳人还真的不只会种田做粗，搞起"文学创作"来都到大雅若俗的境界。民间谚语不也是民间文学的组成部分吗？

"立夏梢，无人拗。"——妙语耶！

"金瓜连蒲，两家都无。"金瓜，即南瓜，成熟后通体金黄，故名。蒲，即北方人所称"葫芦"，南方人称为蒲瓜，松阳人更简而称之为"蒲儿"。南瓜和蒲瓜都是茎蔓作物，如果两种作物栽得很近，它们的蔓茎就可能会相互缠绕，影响各自正常生长，最后都不能有所收获，即所谓"两家都无"是也。所以稍有经验的农民都不会把它们种在一起。

其实，真把它们种在一起也未必不可。松阳还有句俗话叫："金瓜搭棚，蒲儿溜坎。"它们虽然都属茎蔓作物，但是南瓜的藤往上攀缠，所以要用小竹枝、小树枝搭一个类似葡萄架的棚子。蒲瓜呢，在田头地角随便栽下，它的藤蔓可以随地蔓延，甚至顺着田坎四下爬伸，不用搭棚。所以又有"金瓜搭棚，蒲儿溜坎"一说。

还有一个比较专业的点，我知道它们同属葫芦科南瓜属，都是异花授粉。至于是否会因为种得太近，而影响彼此的授粉，以造成"两家都无"的结果，不敢妄言，太专业了。

松阳话中这类俗语多不胜数，有事没事，各位都可以顺口溜出几句，饭后茶余也可一乐。而我将其归纳在农耕文化的集合内，不知是否有涉牵强之嫌。

土话亦斯文

十五年前，我曾撰小文，说到松阳话的斯文之处，例如"姑勿论"，"譬言""譬言讲"，"是了""便是了""亦便是了"，等等，松阳人是张口就来。不少汉字的书面语，都还经常出现在松阳人的口头语中。

松阳话中能更多地保留古音、古词汇的原因，我无多研究。笼而统之，以我极不专业的理解，松阳县四周环山，"唯此桃花源，四塞无他虞"，这样一种相对闭塞的地域环境，也许是造成这种现象的一个很重要的原因。广袤的松古盆地，千百年来足够养活一代又一代的松阳人。悠然无虞生活的负面作用，也许促成了松阳人一种相对保守的习性，其中自然也包括了语言方面的保守。

更多深刻的方言理论自然有专家去研究，这篇小文也只能举例来印证还有很多书面的词汇、章句仍活跃在年长的松阳人日常的语言交流中。

饬。《现代汉语词典》关于"饬"的注释是这样的："①整顿；整治。②饬令。""饬令（chì lìng）：上级命令下级（多用于旧时公文）。"松阳话里的发音同"赤"，字义也和词典的解释完全相同。松阳话最明白的解释就是"上级的批示"。有人向上级反映情况或者有个人事项上访，上级机关接访后，发给下级机关的批示，就叫"上面饬落来"。如有人向上级信访后解决了某问题，他会逢人就说："我的事干解决了，全靠省里饬落来，勿是话也难噢！""饬"这个字很书面。但是在松阳，古稀老人的口语中，还常会用到这个很书面的字。

监。有从旁察看、监视的意思。松阳话用到"监"字的地方很多。不过，松阳话中的"监"字的意思为"让"或"叫"。当然，它含有强制的成分在内，"监他认真做作业"，这是家长让孩子认真做作业；"监他站起"，这是老师对学生的一种训示、责罚，让他站起来。两人闹急了，其中一人会大声地说："你还要监我咋哇？"翻成普通话就是："你还想让我怎么样？"

"舍身"，这个词够斯文了，是为了祖国和他人而牺牲自己。"舍生取义"，这是十足大丈夫气概。松阳话中还经常会用到这个词，不过，松阳话中"舍身"的词义，由"牺牲"延伸为"舍弃""气量大""大方"的意思。把贵重东西送给别人，对方大为惊讶："你像真舍身，生值铜钿的东西送我。"什么旧物件要舍弃，主人会说："舍身些，摔了算。""摔"字，松阳话中有"丢弃"的意思。

"落魄"，松阳话的读音同"lo bo"，就是潦倒、失意的意思。做生意蚀大了，人家会说："他这回蚀损仡，这下是落魄了。"原先生活艰难，后来日子好过了，人家会说："他前头也十分落魄的，这下好混了。"某人原来做官（小县城嘛，也不过当个什么科长、副局长之类的）犯错被刷下来了，人们会说："前头他也风光了两日（指的是'几日'，即一段时间），这下官没的做了，自然落魄了。"

"带携"，《现代汉语词典》中有"携带"一词，是随身带着的意思。松阳话把这两个字倒装了用。"带携"，它的意思与普通话中"提携"意思相近。夫妻间常有这样谦和客气的说辞："你嫁给我，我无本事带携你过过好日子。"家中有人当官了，可是却很少或从未给家人带来什么好处，人们会说："他尽管做官了，也勿曾带携给家里人哪依好处。"

我二哥，20世纪80年代初就是中建四局的党委书记。他一生清廉，真没给父母和我们兄弟姐妹甚至他的子女，"带携"过什么好处。

1983 年，他大儿子从贵阳中医学院毕业。那年头，大学毕业生还是计划分配。四局人事处把我侄儿招进局机关，分在局团委工作。当时我二哥正外出学习，学习结束后路过老家住几天。他得知这一消息后，操着贵州话言道："搞啥子名堂嘛。进机关工作专业不对口嘛，简直乱弹琴。"没住几天就赶回了贵阳。结果，硬是让局人事处把他儿子的档案退回贵阳市人事局，重新分配。后来，我侄儿进了贵阳中药厂。再后来，1993 年，我侄儿还发明了一种全新的喷雾剂，治伤痛、轻微烧伤烫伤疗效极佳。这一新药在第八届全国发明展览会上被评为金奖，我侄儿被媒体誉为"青年发明家"。1994年 12 月 10 日《贵州日报》刊发长篇通讯《点燃创造之火——记全国发明金奖获得者叶延春》，详细介绍了我侄儿潜心钻研业务，有所发明有所创造的优秀事迹。当"厅官"的父亲没有"带携"他干上体面的工作，他凭着自己的努力，照样干出了属于自己的事业。

《贵州日报》，当年介绍叶延春的一篇人物通讯

这类挺斯文的松阳土话还多着呢，不妨再举些例子。

"付命"或者"付老命"，字面意思就是把生命交付出去了。用普通话说就是"豁出命去"或者"豁出这条老命了"。松阳话里更多用来表达"竭尽全力"。例如："你前脚刚走，我后脚便赶，付命赶也赶你不着。你咋走得生快格。"松阳话里"付命"，放在动词前作状语，如"付命做道路"（干活）、"付命抵牢"（拼命顶住）、"付命赶路"（拼命赶路）等。

"伎俩"，《现代汉语词典》里的注释是："不正当的手段。"松阳话里这个词有"居然"的意思，当然也带贬义的色彩。某人企业经营不善，负债出逃，债主会说："好好的朋友，开口借也就借给他了。想勿到他有伎俩欠账勿还，逃啦！"某人好添是添非，把一件原本好好的事，给渲染得一塌糊涂，当事人会说："这人不是人，尚好的事干，有伎俩帮你缠得咋好勿识。"翻成普通话就是："这人真不是东西，蛮好的一件事，居然给搞得啥也不是。"

"计较"，这个词和普通话里的词义完全一样。孩子说错了什么或者做错了什么，大人会出面替孩子道歉："他小侬儿不识岁（不懂事），你大侬厄计较。"翻译成普通话就是："他是孩子不懂事，请你别跟他计较。"不过这词的发音和普通话有点不同，松阳话把"较"字发成了"价"字的音，读作"guo"。"j""g"的音变，松阳话里常有出现，如"江""艰""坚"等，声母"j"都会发"g"音。

"懦弱"，《现代汉语词典》中的解释是"软弱，不坚强"。松阳话却是单独使用"懦"，读作"nu"。一个男人优柔寡断，为人懦弱，别人对他的评价是："这人象真懦，一丁（点）也不像男子家。"

还有许多这样的词，恕不赘。日常会话中稍加留意，你肯定会找出不少这种斯文的松阳土话。而本文所言，难免有附会之嫌，请有识者指正。

生当鸡儿不入塒

　　"生当"，松阳话是"陌生"的意思。"塒"，鸡舍，也叫"鸡塒"。

　　早年间，松阳城乡一般人家都会在春天养一窝小鸡，母鸡养大了生蛋，公鸡养大杀了过年。这一年之中，亲朋好友，礼尚来往，倘是遇上过生日之类的好事，或许会有至亲好友送上一只鸡这样的大礼。当然，主人也不会马上就将鸡杀了，而是先养着。那么，这只别人送的鸡，对于原先主人家养的那群鸡而言，就是"生当鸡儿"了。引申开来，单位来了新员工，班级里来了插班生，这新员工和插班生，就可以类比成"生当鸡儿"了。简而言之，"生当鸡儿不入塒"包含了"欺生"与"怕生"两个层面。

　　到了傍晚时分，就是古代所称酉时，即下午五点至七点，这个时间段，天色将暗，鸡要入塒了。那只"生当鸡儿"见人家都往鸡塒里钻了，它也怯生生地来到鸡塒边。刚往里面探头，已经入塒的鸡就拼着伙地啄它，不让它入塒。眼看天要黑了，"生当鸡儿"大着胆子挤进了鸡舍。里面的"主人们"都不让，好几只鸡会轮番啄得它吱吱乱叫。不堪忍受欺凌，那只"生当鸡儿"只得逃将出来。最终，女主人过来了，她一边走一边大声呵责："你些鸡瘴打的，有劳生欺负人咯，都帮你些侬杀了，望你还敢啄人否？"普通话意思就是："你们这些瘟鸡，能这么欺负人吗，再这样把你们都宰了，看你们还敢啄人！"然后一边拎起那只待在鸡塒外的"生当鸡儿"，往鸡舍里塞，顺手关上鸡塒门，还不忘叮一句："再啄人，把你杀了。"毕竟，鸡是群居动物，这种状况有过两三次，这些熟鸡觉得这"生当鸡儿"也并不对它们构成威胁，而"生当鸡儿"慢慢地也和它们混熟了。于是，也主动地不回避同伴了。再之后，它们就一起觅食一起下蛋（打鸣），也一起归塒了，不再"生当"了。

"'你些鸡瘴打的'，厉嘞，把你杀了去。"如今已不多见

（王芬天 绘）

其实，凡群居的动物即便高级如人者，也有这类"生当鸡儿不入塒"的现象，眼下不少关于职场生活的电视剧都有反映。任何人到了一个新的环境，总有些不适应，总要和周围的同事或上司有过一段时间的交往、接触，才能渐渐地融入新的环境。其间，一些好强的同事也会先给你点"颜色"看看，掂一掂你有几斤几两。

我当过多年的老师。班级里每个学期都有转学过来的新同学，他们也有这种"生当鸡儿不入塒"的过程。

不怕笑话，我也做过一回"生当鸡儿"。

20世纪80年代，先后有过几篇"豆腐干"样的文字在省报省刊上发表，上面就认为我居然还有一点文字能力。于是不容分说，将我从教育局办公室调到刚成立不久的县志办公室。

这县志办刚成立不久，还没多少人知晓它到底是干什么的。在机关里一些稍稍有些了解情况的同志看来，这县志办的工作不过翻翻档案，查查资料而已。甚至不少人还把"县志办"混同"县纪（委）办"。松阳话中，"志"和"纪"同音。

那年头是"以经济建设为中心"的年代，有句十分夸张的顺口溜，叫"十亿人民九亿商，还有一亿搓麻将"。在这样的大背景下进入县机关大院，我就是十足的"生当鸡儿"了。进机关后，免不了了有各种会议，我平素怕开会，尤其是大会。在教育局时，有个借口"你们去吧，我得守办公室"。到了县志办，也就两三个人，想避赖也不成了。逢我有"逃会"的意思，主管的县志办老主任就会劝说道："无劳永远'生当鸡儿'的样。到机关了，会是要参加的。"我倒很感激这位老主任善意的规劝，也想着通过会议结识更多的同事，可是因为工作性质和本人不善交际的本性，五六年过去了，机关大院里依然很少有人认识我。

20世纪90年代初，连着几年每年都有好几回因眼睛患结膜炎去看医生。有一年，门诊看了好几次都不见好，医生建议住院治疗。病情好转去报销医药费。进了会计室，一位老财务人员戴着老花眼镜，拿着药费单据一张一张瞄了又瞄，然后大声道："嚯嚯，眼睛这点小毛病都要住院！医院费要三百多噢！"说也奇怪，这时我也不知哪来的勇气，竟然脱口而出顶了过去："×会计，你这讲法太无道理了，不是有这样的一句话，叫'要像爱护眼睛一样爱护共产党员的荣誉'吗？咋有劳讲眼睛疼是小毛病哩？"我这"生当鸡儿"（其实也不"生当"了，1986年进的县机关，那年已是1992年了）一语既出，会计室其他同志连同来会计室办事的同事，都为我这"生当鸡儿"帮腔，齐声指责那位先生说的话不妥。

为这眼疾一事，连着几年我是苦不堪言，恐是因为长时间翻阅各级档案馆的档案，用眼过度；再者，有的旧档案，已是几十年从未有人翻阅，都已发霉长菌了，翻阅时难免会有有害细菌或病毒侵害眼睛，以致眼疾反复发作。搞得我都有些担心，这靠"眼睛吃饭"的行当还能否坚持到底。

万幸，1993 年秋，经一位老同事介绍，去杭州某大医院检查治疗，却原来是误诊了——病毒性感染被误当成了细菌性感染。"南辕北辙"，抗生素怎能抑制住病毒呢？于是，停药、换药。然后，好了，且一直未曾再犯。这是后话了。

退休十六年了，回想起来，仿佛在机关的那些日子，我一直就是"生当鸡儿"，每天的活动轨迹不过"家里—办公室或档案馆—家里"，太少有与同事们交流的机会了，就如松阳话讲得太"自顾自"了。扪心自问，自从主持《松阳县志》编务以来，不敢自称"殚精竭虑"，但可以说是以前所未有的努力，投入县志的编纂中，为中华人民共和国成立后第一部《松阳县志》成书出版，尽了自己的绵薄之力。

鸡埘，已是稀罕物

孝养文化谚语的是与非

孝养，是中华优秀传统文化的核心内容之一。千百年来，有许多世代传承的关于孝养文化的谚语，一直在中国老百姓口中传诵，如"百善孝为先""树欲静而风不止，子欲养而亲不待"等。更有"二十四孝"中，将孝道推至极致的故事传说。说它是"故事传说"，则是因为其中有许多"孝子"之所为，用现代科学的观点看，是有违科学的；而从社会伦理的观点看，则有悖伦理。比如"卧冰求鲤"，又比如"哭竹生笋"，再比如"埋儿养母"等。是故，我们只能将其视为警戒或箴言之类去理解去接受，实在不必太过较真。

松阳话中也有许多这类谚语、俗语，而且因其有松阳地方特点，显得非常生活，非常形象，非常通俗易记。

（一）

无论是自勉还是劝世，松阳人最常说的一句宣扬孝道的谚语是："孝心大人自有福，孝心田头自有谷。"松阳话所谓"大人"除了指成年人外，还指长辈如父母、（外）祖父母等。做子女的你成家立业了，生儿育女了，你能孝顺、侍奉父母，则你所做的点点滴滴，随着你的子女慢慢长大，他们都会看在眼里记在心里——原来对待老去的父母是要如此尊敬、恭顺、照料，甚至侍奉的。反之，你对父母的冷漠、顶撞、嫌弃，你的孩子也会记在心里——原来也可以这样对待父母。于是，当你老了，你的子女就会照着你平日对待父母的所作所为，翻版一般地加在你的身上。你让子女看到你对老人的孝敬，子女以后也会毫无怨言地赡养已失去劳动能力的你。这就是我对"孝心大人自有福"的最浅显最低层次的理解。后一句"孝心田头自有谷"是一种比喻，很生动很贴切地演绎了前一句的一种必然。老辈的种田人总会说"无空的日子"，即便农活不繁忙，早晚也会去田里走走看看，及时了解农作物是否该施肥、治虫、锄草。于是就能及时完成在各农作物（松阳主要农作物是水稻）生长期所需完成的农事活动。因为你的辛劳，于是你的庄稼丰收了，于是你家就谷满仓了，此所谓"孝心田头自有谷"也。这句谚语用松阳话读起来很上口，字句对仗也很工整。这就是松阳民谚的精彩之处。

"炉灰筑不得墙，囡儿供不得娘。"这话就有些过时了。

以松阳而言，早年间农耕社会，只有大户人家有能力让女儿上学念书，她们学成后融入社会独立谋生，具备一定的经济能力。其实那也是民国以来才有的事。况且，也真的不过凤毛麟角而已，比如叶霞翟、钟定兰、刘红梅等。绝大多数普通百姓人家的女儿，尤

那时，老太太97岁了，她说：晚上散养的鸡，都是这样喂的

其是农村家庭的女儿，其生活轨迹不外是生儿育女、缝补浆洗、厨房灶台，甚至有终其一生大门不出二门不迈的。松阳话所谓"县里都勿曾去过"，即县城都未曾去过。她们在家庭中经济地位极低，即便是回趟娘家，也得是逢年过节带上宝宝才能成行。别说供养爹娘了，就是和老娘亲说上几句体己话也不易。所以才有这样绝对的谚语，想让女儿供养父母，就如用"炉灰筑墙"般根本不可能。"炉灰"，松阳话，就是炉膛内的灰，松软之极，绝不可能构筑院墙。

社会发展了，20世纪50年代以后，不少女性走上社会，在各行各业从事合适的工作，有了固定的工资收入，用专业的话说就是"手中有了可自由支配的货币"了。于是这些有一份稳定工资收入的女性，她们都会定期给父母一定数量的生活费。随着时代的进步，如今职业女性已不再稀罕，机关学校、科研院所、医疗机构、商贸企业，都有女性的身影，都有她们在各自岗位上创造奇迹的记载。"妇女能顶半边天"真正意义上地成了现实，女同胞们可以很自豪很自信地对"女儿供不得娘"这句话说"不"了。

（二）

"忤逆媳妇坐孝堂，孝心囡儿漫路嗷（哭）。"这话十分生动，而且画面感很强。

以松阳城乡而言，儿子成家立业了，仍多和父母住在同一屋檐下或者住得很近。所以家里老人去世，自然是儿子儿媳妇在料理后事。松阳乡俗，出殡前，死者遗体在家停放几天，厅堂就布置成了孝堂，等待亲友前来悼念，同时挑好出殡的日子。遇有亲友上门，则门外乐队会奏乐，告知家里死者家属，以哭丧迎接客人。哭丧的多为女眷，其中最重要的角色就是死者的儿媳妇了。平日里，婆媳间距离近了，生活上多有交集，松阳话叫"不洗脸相见"，难免因琐事产生口角矛盾，甚至产生经济利益上的冲突。而坊间舆论总多向着长辈，一般意义上总认为"儿子是好的，便是媳妇忤逆"。但是再"忤逆"，老人后事总是要办好的。所以媳妇总会成为孝堂的主事者。

女儿出嫁了，娘家父母亡故后，即刻有人前往报丧。女儿接到死讯，自然是悲痛欲绝，涕流满脸，沿街沿途人们看到后不免唏嘘："这个囡儿真孝心，嗷得罪过噢。"而此之时，被舆论认为"忤逆"的儿媳妇已经在孝堂上号哭不止。在我看来，这话最根本的意思是：你们别只说儿媳忤逆、女儿孝心，一直在孝堂哭泣抹泪的还是人家儿媳妇啊！

算是为做儿媳妇的说了句公道话。

（三）

"上桌的鸡，送终的儿。"这话讲究的是目的和结果，很有点实用主义的味道。只有端上餐桌才能算是吃上鸡肉了。临终弥留之际，几乎所有的老人都会呼唤儿子的名字；儿子在病榻前守着，他（她）们才会满足地闭上双眼，于是就有这种近于绝对的俗话："上桌的鸡，送终的儿。"

早年间，家庭主妇每年开春后，都要挑一只大母鸡孵一窝小鸡，赶上另一只母鸡又要抱蛋了，勤快的人还可能再孵一窝。刚出壳的小鸡嫩脱脱、毛茸茸，很可爱。主妇们会用白酒浸过的大米喂小鸡，说是那样能御寒防病。对于老是依偎在母鸡翼下的很显弱小的小鸡，还会用米汤甚至乳汁去喂它。慢慢地，绒毛开始长成羽毛。再过些日子，全身都长出了鲜亮的羽毛。再过几个月，就能分出雌雄了。这时如果家里有十六岁的儿子，母亲就会将一只还未打鸣，即尚未到性成熟的小公鸡，宰杀后蒸了给儿子吃。松阳话很形象，把公鸡和母鸡交尾的过程称为"踏荒"。松阳人把公鸡叫作"荒鸡"，未到性成熟期的公鸡即"勿曾踏荒的荒鸡"。这是松阳乡俗，是男性"成人礼"的重要仪式。十六岁就是"大人"了，老辈人认为鸡是最补身子的，十六岁吃过整鸡，长辈就期待你能有男人的担当。早年市秤十六两为一斤，松阳人说"十六岁，上斤了"。历史上不少朝代都规定男子十六岁为"丁"，就必须承担徭役、兵役等。

扯远了，还说正题。这养鸡的过程是十分令人欢喜又伤心的。能从小鸡长到母鸡下蛋、公鸡打鸣，自然是皆大欢喜。而更多的时候是，一窝鸡孵出来，到年底仅剩一两只。赶上鸡瘟，甚至全给死光。那年头没有配方饲料，没有畜禽用抗生素，更没有生长激素。养鸡养鸭甚至包括养猪，全凭年景和运气。所以只有到年底，有大公鸡宰了过年，才算落心。所以才有了"上桌的鸡"这一很悲观的说法。

"积谷防饥，养儿防老。"老人们把儿孙孝顺看得很重，认为这是最有福气的标志之一。这一传统观念的终极结果是要有儿子养老送终，即能有儿子送终才是完满的人生。反之，尽管有儿有女，但是临终时却无子女在身边，则被认为是人生最大的遗憾，土话讲"死

放养的鸡，都是这样喂的　（王芬天　绘）

了眼睛也合不下"。而做儿子的倘赶不上为逝去的父母亲送终，也会因之终身抱憾，每念及此都会心怀歉疚而深深自责。所以就有了"送终的儿"这一相对而言有点极端的说法。其实，"孝养"的意义远大于"送终"。

能给父母送终的才算是（有）儿子。如此而言，我母亲和我就都是有福之人了。

2008年，母亲生病了。先后住了两次院，"老慢支"惹的。第三次住院是2009年8月初，住了一个多月的医院，病情有好转，医生建议出院。出院后，我陪着母亲住了一段时间。中秋节前，见母亲渐趋好转，我想去杭州看看孙子，临走时母亲说："你尽管放心去，我没事的。"一边说一边还踱步送我到大门边。没承想，到杭州的第二天，妹妹打来电话，说是母亲情况不太好。我心急火燎，随即往家里赶去。到家后我俯跪在母亲床前泣道："儿子不懂事，本不该去杭州。"母亲侧过头来露出一丝微笑。那时已是傍晚。我三舅是一位有五十多年从医经验的乡村医生，他悄悄给我说刚打了强心剂，叮嘱我千万注意，今天可能情况会不太好。于是我一直陪在母亲身边，到深夜十一点五十分，她说想喝口水，我扶起母亲，倒了一口先热好的米汤喂她喝下。喝完米汤，母亲用极微弱的声音说道："永萱，这下我连头庞仰起的力气都无了。"我说那扶你躺下。于是我一手托住母亲的头颈，一手拢着她的前胸，缓缓地将母亲的身子放平躺下。我刚抽出双手，只见母亲把头一侧……

我母亲平静地走完了她平凡的一生。我庆幸能陪伴着母亲到最后，应了"送终的儿"之说。我母亲也可以说是终身无憾了。

（四）

"娘边囡儿骨边肉。"对父母来说，女儿就是他们的贴心小棉袄；

对女儿而言，有母亲的呵护是最幸福的，这是我对这话前半句的理解。习惯上都认为骨头边上的肉，味道是最鲜美的，这就是后半句的意思。不过也有例外，不只女儿，儿媳妇也有很贴心的。

还是我母亲第三次住院那会，住了一个多月，正是盛夏，陪护蛮累人的，白天大都由我妻子陪在医院，夜晚则我和妹妹轮值。妻子性情温顺，心细手勤，对母亲的护理很是用心。一日，我在医院值夜，住院病区的护士长过来给我讲了一件事，令我感动了。她说："今天，一个护士在值班室对我说：'×床那个老太太真有福气，她女儿真有孝心，看她每天都十分细心周到。我在医院这么多年了，不曾看到如此有孝心的女儿。土话讲"娘边囡儿骨边肉"一点不错。'我一听，立刻止住她，说道：'你错了，她不是女儿，是儿媳妇。她是我的姑姑。'那护士一听，说真不敢相信，有如此孝顺的媳妇。呵，真不简单！"

以上是那位护士长的原话。护士长说得声情并茂，我打心底被感动了，为妻子感到自豪。听完她的话，我也十分动情地说："谢谢你们黄家人养了这么好的女儿，是我的

踏碓，是靠人力舂碓谷物的工具

福气。"那护士长是我妻子的堂侄女。

"要儿自会生，要鱼自落坑。"这话也有点太绝对。意思是只有亲生儿女才会孝敬父母，就如想吃到鲜美的鱼肉，只有自己下河捕捞。松阳话里的"坑"即"小河"的意思，"落"在松阳话里是"下"的意思，"落坑"即"下河"。还是以我七十多年的亲历来证明，此话并不能一概而论。

七十五年前，我母亲嫁到叶家，成了我两个哥哥一个姐姐的继母。第二年（1944）生下了我。当年我父亲在一家金融机关上班。姐姐五岁、二哥十岁，大哥也才十二岁，家中不可一日无人照看。几十年来，母亲善良、仁慈、勤劳，在日复一日、年复一年的缝补浆洗中，让哥哥姐姐感受到家的温暖和母亲的关爱。哥哥姐姐长大成人，都有了一份很体面的工作。他们几十年来孝敬母亲，母慈子孝在他们身上得到了最圆满的体现。1982年父亲去世后，哥哥姐姐仍然一如既往，对母亲恪尽子女的义务，按月汇来生活费，诚心赡养母亲。还常会抽时间回老家探望母亲，可谓孝敬有加。母亲在衣食无忧、祥和快乐中过完了她的后半生。我母亲的仁慈、兄姐的孝顺，在邻里坊间成为美谈。

不好意思，说的尽是好事。不过这样也好，当下不是都说要传递"正能量"嘛。

"望戏夹买糖" 新解

松阳有句俗话叫"望戏夹买糖"，意思就是干一件事时捎带着把另一件事也办了。其实有"买"就一定有"卖"，所以我认为这话应该写成"望戏夹买（卖）糖"才显完整。这里，我试图对这句俗话

买糖的比看戏的还多　　（王芬天　绘）

来个"举一反三""触类旁通"的诠解，还真有点 意思。

（一）

中国人看戏多为图个热闹，讲究雅俗共赏，松阳亦然。懂戏的，听唱腔看做工，讲究"唱念做打"和"手眼身法步"；不懂的，赶场面凑热闹。是故，松阳乡俗，无论正月戏、八月戏、闹冬戏，无论是在祠堂庙宇内的戏台，还是在露天搭建的戏台，院子里、广场边，都会有许多的点心摊、小吃摊，卖馄饨、油条、包子、酥饼什么的。那年头还没有汉堡、热狗、烤羊肉串之类的。还有卖糖果糕点的，其实也就是本地土产的饴糖，松阳人叫金瓜糖、生姜糖，以及卖桃、梨、梅、柚之类应季水果的。早年间还很少有机制水果糖（松阳人叫"糖

孩子脑子里满是零食，在哪都是凑热闹

（王芬天　绘）

粒儿"），也极少有苹果、香蕉之类非本地产的水果。

逢演戏的日子多为喜庆节日，大人都会带上孩子放松欢娱，享受天伦之乐。人们可以喝彩，可以呼喊，可以摩肩接踵，可以随意走动。无论观众还是小贩，更多关注的其实不是"望戏"而是"买（卖）糖"，甚至有时戏台前的人还不如那些小吃摊前的人多。这是乡野"草根"的娱乐，我儿时也曾有过几次此类似的快乐。

20世纪50年代初，我十来岁时，曾有跟随大人进戏院的机会。那时松阳戏院还很简陋，是西市下徐氏宗祠稍加改造而成的。观众厅分甲、乙座，中间前十来排是甲座，两边和十排后的座就是乙座了，甲座的长条靠椅后面有一条木板可撑起来，放置茶水、瓜果。戏院买甲座戏票来望戏的人，大多会让茶房冲上一杯茶，慢慢享用。堂倌会托一个摆放着瓜子、花生、五香豆和香烟的木盘子，不定时在走廊过道走动，以应观众之需；茶房则拎一把大大的铜壶，定时为买了茶的观众冲茶续水。这种"望戏夹买（卖）糖"，比之在乡下戏台前的"望戏夹买（卖）糖"稍稍上了点档次。大约在20世纪60年代，戏院里有偿提供茶水瓜果的服务就告停歇，原因是这种服务是"资产阶级生活方式"，必须予以废止。

（二）

戏园子算上点档次了。

早年间，大城市的戏院里设有雅座，有些头面的上台盘的观众，都在雅座靠着太师椅，端坐在八仙桌前看戏，八仙桌上摆放着茶水、糕点、花生、瓜子，观众边喝茶嗑瓜子边看戏消遣。这些都是电影电视里看到的场面。这些年，电视上的戏曲频道我看得十分投入。北京长安大戏院或上海的天蟾舞台举行的汇报演出、戏曲晚会之类蛮多的。剧场前排的八仙桌或长条案几上也摆放着茶点瓜果之类，在前排就座的政要、名票可以就着糕点果脯品茗饮茶。应该说，这是高层次的"望戏夹买（卖）糖"了。

而此种"高规格"的"望戏夹买（卖）糖"，我也有幸享受了一回，不过，那可是自掏腰包的。2018 年国庆长假，随女儿女婿去了一趟北京。女儿的主要目的是去看一场话剧，她言道："老爸老妈去过北京了，那就少走几个景点。老爸喜欢京剧，去长安大戏院看两场京剧更值吧。"我是连忙附议——

2018 年的国庆，装了回阔佬，专门去了长安大戏院看了一场京剧《锁麟囊》

坐席六桌二座，票价 380 元

知我者女儿啊。可惜，只订到一场传统程派名剧《锁麟囊》，而且带桌的座位票就剩一张。于是女儿和她老妈只得坐楼上包厢了，我就独享了——六桌二座，票价三百八十元一张，算是做了一回"阔佬"。一桌共五座，高靠太师椅，桌上每人一份小点心，一条小毛巾，一盏花茶，还有一只水壶，喝完了自己续水。

我喜欢京剧，虽然不敢妄称戏迷，可一听京胡奏响，心里就会一阵兴奋。能在长安大戏院看一场北京京剧团的传统名剧，很是满足了。

我的"望戏"岂止"买糖"，倒是买了一个正餐。长安大戏院一楼有好几家餐饮，正赶上饭点，找了一家川味饭馆，炒饭品种很多。见有"芽菜肉丝炒饭"，心忖，松阳多有霉干菜炒饭，这酸菜炒饭的滋味不妨尝尝（北方人称"酸菜"也叫"芽菜"），没想到简直美味之极。

两年过去了，每当老太太给孙子炒饭，就会想到在北京吃过的芽菜肉丝炒饭，不免垂涎欲滴，还真馋人。

2020 年春因新冠疫情，宅家好几个月，餐桌上的饭菜，翻来覆去，也翻不出什么新花样，直吃得全家五口都有点腻了。一日，忽然想到何不来点酸菜肉丝炒饭呢？没想到吃了没几口，孙子下"评语"了，酸菜炒饭排第一，四季豆炒饭要降到第二位了。孙子最爱炒饭，奶奶投其所好，就先后有了蛋炒饭、四季豆炒饭、芥菜炒饭、土豆丝炒饭、豇豆炒饭。当然都得加入肉末。孙子还在念初二，他说学校搞过调查，有百分之八十的同学都把蛋炒饭排在第一。

（三）

上述种种都是传统的中国式的"望戏夹买（卖）糖"。

2011 年在杭州过的元旦。儿媳妇给了我们两张"2011 杭州市新年音乐会"的入场券。音乐会由杭州爱乐乐团演奏。尽管曾经在电视上的音乐频道里看过"维也纳新年音乐会"之类的音乐会或是爱乐乐团的演奏，却从未有机会到剧场看乐团的新年音乐会。这回算是"开了洋荤"。

钱江新城，杭州大剧院外形酷似月亮。演出在大剧院歌剧厅举行。开演前，舞台两边的灯箱播出维持剧场秩序的各种提示——演出期间不高声说话、不随意走动，不要吃零食、喝饮料等。更让人觉得稀奇的是，剧场服务员还会在演出中举着警示牌子，在过道上走动以提醒观众。

中场休息时，我和妻子随着人群往歌剧厅外走廊走去，看到在过道转角宽阔处人们在领取什么东西。近前一看，原来是剧院方面在发放中场点心，包括一小杯饮料或热咖啡、一小块蛋糕或其他小点心，还有几枚小西红柿（又称"圣女果"）。脑子里旋即闪过一个念头——没想到还有西洋式的"望戏夹买（卖）糖"。但不知看西洋歌剧、看芭蕾舞剧是否也有这种中场点心，倘若有，则窃以为人家有点"强卖强买"的嫌疑了。因为看演出的票价中肯定包含了这份点心的成本，这就跟"天下没有免费的午餐"的道理一样；若非如此，剧院方是不会慷慨地给每位观众送上一份点心的。就如长安大戏院的点心和茶水，是观众自己掏的腰包。或许我的想法有点另类，而且有"以小人之心度君子之腹"的嫌疑。

最后我和老伴也"买"到了一杯热咖啡和一份点心。

2012年（壬辰年），在杭州和儿子一家过春节。大年初一，儿子提议去看一场电影。一听到看电影，我那才七岁的孙子雀跃不已，喜形于色地大声叫道："爆米花，爆米花！"我纳了闷，看电影与爆米花有联系吗？儿子看出了我的疑虑，为我释疑——电影院小卖部有饮料和现做的爆米花卖，每次看电影总会给孩子买一份饮料和爆米花，所以听说看电影，孩子先想到的就是爆米花。

原来如此。我想，这应该是最新潮的"望戏夹买（卖）糖"了。

滨江中影国际影城。观众休息室很大，又宽又长的廊式休息室，摆放着好多张小方桌和配套的靠椅，两边壁上满是电影海报和影星照片。当然，最引人注目的是那家小卖部。进了影城，孙子径直就往小卖部卖爆米花的柜台奔去，然后指定："爷爷、奶奶也要吃。"当然他"请客"是不用"埋单"的。于是，我们拿了一份，儿子和儿媳妇拿了一份，孙子他自然是独一份了。一只高约十五厘米、上口直径约十厘米的圆形纸桶，装满刚出炉的爆米花，外加一杯饮料，好像卖到三十元。这"糖"还真价格不菲，连同电影票总共花了三百多元。看来还真不敢经常享受这种最"潮"的"望戏夹买（卖）糖"。

放映厅很小，不足两百个座位，放的是香港喜剧电影，片名记得是《八星报喜》，剧情是老套的励志故事，画面和音响用一个字形容就是"闹"。所以，观众吃着松脆的爆米花吸吮着饮料，绝无影响到别人看电影之虞。我倒觉得，眼下年轻人工作生活各方面压力都很大，电影院里两个来小时的放松，是一种很好的释放压力、排解烦恼的方式。

　　诚如是，"望戏夹买（卖）糖"乃古今中外概莫能外的休闲形式，不知是否够得上"文化"的边。

从"烂脚碰着破缸爿"说开

与"和尚撞着荤"相对应的，还有"烂脚碰着破缸爿"这一说。这就全无了"和尚撞着荤"那样的幸运、那样的窃喜了。这是一种无奈，一种痛苦。

意外，真不知什么时候会降临。

如今，别说是城里，就是到乡下走一圈，也未必能见到一块破缸爿。可是，无须往远了说，也就五六十年前；也别说乡下人家，就是松阳县城，街角巷边，常能见到"破缸爿"。

那年头，家庭日常用具都是陶质、瓷质、木质制品。用如今时尚的说法，还都是"绿色""无污染"的。见到过 20 世纪 50 年代"钢精饭盒""钢精锅"的人，如今恐为数不多，塑料制品更是稀罕之物了。所谓"钢精制品"，即铝制品。现代医学研究表明，长期使用铝制品，会造成"铝中毒"而致脑损伤。记得 1957 年，我上初中了，同班一位姓王的女同学，是杭州人，她中午带饭用的是一大一小两个铝质饭盒，大的盛饭，小的盛菜。我们觉得十分好奇（说句题外的，20 世纪 50 年代中期，城市开展户籍清理，把一批被认为"不宜在城市居住"的人员，迁至各地农村安置。当年，松阳县接纳安置杭州移民一百六十六户共五百二十人，他们分别被安置在县城及古市附近的乡村）。

那年头，百姓生活很节俭，不像现在的年轻人，什么用具稍不称心，随即丢弃，然后掏出手机，两下三下那么一点，轻松邮购。新买的东西第二天就会有"快递小哥"送上门。相比之下，老辈人的生活节俭到几近于吝啬，一口已经裂成几片的破陶缸，也会令其

"物尽其用",挑出稍大还能盛放一些东西的爿块,放在门外猪栏边,当作喂饲猪狗或鸭子的食槽。

1996 年初,拙作《家家烟火桑麻乐》,最先向外界推介石仓古民居。该文章先后在《浙江日报》、《丽水报》、台北《浙江月刊》刊发,不久又被《文汇报》转载,可谓影响不小。我的一位忘年交朋友,是早已退休的老先生,看了报纸的介绍,也慕名前往石仓去看了古民居。回来后,见着我大呼上当,他说,房子真是大,一幢又一幢也真多,很有看头(所谓"内涵"吧)。只是卫生状况太差了,房子外满是猪栏、茅厕,还有当猪槽的"破缸爿",街上猪尿和污水横流,简直不敢伸脚迈步。听完他这么一番诉说,我也直呼无奈。

时任大东坝区委书记是我朋友,我曾不止一次天真地对他说:你什么也不用干,只要发动村里群众,将房子外面的猪栏茅厕撤掉,把门口沿猪栏边的破缸爿丢了,屋里打扫干净;让村民们做些能吸引游客的、有地方特色的小吃,比如酸菜汁毛芋(松阳人叫"芋咸")、酸菜汁笋块(松阳人叫"笋咸"),还有烤番薯、"灯盏盘"(沪杭一带叫"油筒儿");再由区政府出面找电视台做个节目,县里的游客来了,慢慢

当年,乡村这种茅厕沿路都是

地也会带来外地游客。

一而再，再而三，每次碰到那位书记，我都会不厌其烦地说，那里依然故我——脏、乱、差。

我自己也带着好几拨客人去看过，有省里的、有市里的，有记者、有领导。离开后他们就一个感受——可惜了这么好的旅游资源！

那些年，除了撰文介绍石仓古民居，我还在各级报刊上先后发表过介绍浙江省古老的松阳县城、箸寮岘杜鹃林、松阳溪风光、大岭根的古法造纸、花田垄的手工制陶等的一系列文字，介绍松阳丰富的自然和人文旅游资源。所有这些，都不过冬雪无痕，悄然无声落入水中，瞬间融化，毫无动静。

当年，书生意气，总认为这事很简单，"如此这般"就能解决了，只是自己"位卑言微"，说了不管用。松阳不是有句老话，叫"穷人当保正，讲话无人听"。

二十多年了，慢慢地有些明白了，事情远不是天真如我者想得那么简单的。深层次的原因是领导层尚未意识到弘扬传统文化，倡导乡村旅游，是助推地方社会经济发展的重要功力。还有一个更根本的原因是，当年的经济基础，还远没有达到有闲钱去投资旅游的程度。如我在《闲聊松阳》的"前言"中所说的："一个家庭，咥了上厨（顿）无下厨（顿）的日子，是绝不会想到给孩子买本连环画或是让孩子看场电影什么的，而日子好混了，就别说是连环画，不少人家的孩子就是要电脑、钢琴、萨克斯什么的，大人也是出手大方——买了。家国同构也，小而至于松阳县亦然。"

二十多年过去了，如今就大不一样了，领导重视了。千难万难，领导重视了就不难，地方有钱了就不难。于是，一边是成亿成亿的基础设施的投入，一边还不惜重金，动用公关团队，在松阳县境域闹出了大动静。据说，这动静不仅震动了省内国内，而且使世界都能听到松阳，看到松阳。

对不起，又跑题了。

过去，不只石仓山乡，松古盆地广大乡村不少人家也多用这种"破缸片"充当猪槽，而且大多放置在门外或院场角落。不知何以，我少时常会看到老人，主要是老大爷，卷着裤脚，露着胫骨上赤肉外翻的烂疤，在街上一拐一瘸艰难行走。还能经常见到沿街乞讨者，其中也多有瘸腿跷脚的。

这些年，随着医疗卫生常识的普及，渐渐地知道这就是什么败血症、炭疽病，还有什么糖尿病之类所致。还有论者举证，侵华日军窜犯松阳时曾散布"炭疽病菌"，导致1942年后松阳境内因炭疽病而致腿脚溃烂的病例大大增多。

其实，日常生活中常见的场景是：偶有手足的小伤病，尚未痊愈，又被什么器物触碰到伤口，自然是愈加疼痛难忍。

而真正的"烂脚碰着破缸片"，却是免不了要有一番想象了。

黑灯瞎火的夜晚，小巷的拐角处，一位颤颤巍巍的老人或者是腿脚有伤的患者，一个不小心，碰上了放在拐角处的破缸片，而且是不偏不倚，正巧陶片的锋刃处直戳在破溃的伤口上。那个痛啊，简直要躺地了。

更惨的场面是，一个乞丐一瘸一跷地，正打算进入一家门内行乞。一条家犬龇牙咧嘴，朝行乞者狂吠不已，欲窜向前咬人；行乞者一边挥着打狗棍奋力驱赶，一边急不择路往外逃。天哪，碰上了门边上的那个"破缸片"……

其实，这种事大概率是很少会遇上的，也就是所谓"千年打一更"的事。撞上了，算你倒霉。

烂脚碰着破缸片——运气差。

惹不起的玩笑

松阳有句土话，叫"温州人弗梗火烧，便梗蹛落东司"。"梗"，松阳俗字，"怕"的意思，读作"guang"。"蹛落"即"掉进"，"东司"即"厕所"（茅坑）。

这是松阳人讲温州人好面子的并无恶意的俏皮话，纯属玩笑而已。

（一）

上面那句话，展开来的意思是，温州人很注重外表的光鲜靓丽。即便家徒四壁，外出时也要西装革履，再不怎么都要穿戴得体。这是完全无可厚非的，讲文明重礼仪嘛。可这类先生除了一身衣裳，家中也多无长物，往极端了说，即便家中着火了也真没啥值钱的东西好烧。而偶有不慎，真的掉进了茅坑，毁了一身值钱的外衣，那才是最大的损失。其实，无须如此极端，即便不慎让污水溅了一身，也同样是惹人恼火的。

我这人口无遮拦，说话随便，一时兴起，会全然不顾及别人感受。不管合适与否，想到什么说什么。松阳人叫"直口布袋"，什么都会毫无保留地往外倒。

1973 年 4 月，我还不足三十岁，结束了三年的农民生涯，刚恢复工作不久，等待暑假重新安排。这间隙在松阳区校（今县实验小学）代了半个学期的课。

那年头，学校每天早晨有一个小时的政治学习，老师们分年段集中学习，学习内容有《毛泽东选集》中的文章、"两报一刊"的重要社论等。正式开始学习前，都不免会扯上几句闲话。一次闲聊中，得知某老师是温州人，她为人和善，衣着朴素大方，很得体，我随口赞道："都说'温州人弗悭火烧，便悭蹈落东司'，我看×老师还蛮朴素的。"未承想，我话声刚落，某老师勃然，沉下脸反诘道："松阳人又怎么啦？"我一时语塞，只得连声道歉，一再声明并无恶意。终究于事无补，那老师是真的生气了。

这事过去四十八年了，我依然为自己当年的失语而懊悔不已，也希望不再发生此类"偶然事件"。

其实，岂止是温州人，看过20世纪30年代那些经典电影的人，大概都会记得《十字街》《马路天使》《桃李劫》等，这些影片中赵丹饰演的上海小市民、小知识分子、底层文化人，他们为了在职场混生活，何尝不是光鲜的外衣下，有着一颗焦虑、痛苦的心。买不起衬衫，穿个假领子；没钱去干洗店熨烫衣服，把裤子叠平了，压在枕头底下，为了第二天能有一条裤中线。其实所有这些倒真不是"穷讲究"，这是一种修养、一种气质，体现的是自身尊严和对人的尊重，是作为社会的人的正常生活态度。

关于温州人的土话还不止于此。在松阳人眼里，温州人是很有头脑，很精明，很会赚钱的。由此，还有一句关于温州人的松阳俗话，可以理解为对温州人的精明、能干的夸赞。那叫："温州人的头发都是空心的。"意思就是温州人的脑子很活络很灵光，总能在第一时间瞅准赚钱的机会。实际情形还真是"此言不虚"。他们有眼光，善经营。改革开放刚刚起步，"温州模式"就成了全国学习的榜样。20世纪80年代初，一部以温州人生活为主题的电视剧《喂，菲亚特》一度热播，讴歌温州人在改革开放中的奋斗。

然而又因为太过精明，一些厂家以次充好，偷工减料，不少产品质量低劣。据报道，有的皮鞋穿上脚没过三天就脱胶断底。以致温州产品，特别是温州皮鞋，一度成了劣质产品的代名词。据说，还有副省长被温州产的劣质皮带坑得尴尬不已的真实故事。

当然，温州人也是求上进，有抱负的，一批有社会责任感的企业主痛定思痛，决心将十万双皮鞋付之一炬。从此，温州企业在烈火中涅槃重生，开始了新的创业历程。

他们拿着改革开放后掘到的"第一桶金""第二桶金"，在全国各地尤其是北上广深等一线大城市大胆购房，被人称为"温州炒房团"。这一炒房的热潮持续了好多年。而房地产业的畸形发展，导致这几十年的房价涨得令人咋舌。温州人又从十几年前的炒房中赚到了大把大把的钞票。

（二）

其实，各地都有许多极具地方特色的土话、民谚。例如，流传在陕北的一句很有名的民谣："米脂的婆姨，绥德的汉；清涧的石板，瓦窑堡的炭。"可惜去过两回陕北，也没能遇上一个真正的"米脂的婆姨"。山东有这样一句顺口溜："青岛的苹果，莱阳的梨，赶不上淄博的萝卜皮。"真遗憾，去过山东，也吃过青岛的苹果和莱阳的梨，就是没有机会尝尝又脆又甜的淄博萝卜皮。

松阳话中，这类有地域特色的土话或者说民谚也还真不少，而且语言之生动，比喻之形象，堪称绝佳的口头文学作品。

"呈田村，无水汰饭甑。"呈田村，属竹源乡。若要去呈田村，要从竹溪源水库尽头鸟桥西侧沿山路一直往上走，或者说往上"爬"，因为通往呈田的山路多沿山脊往上延伸，如若"天梯"，坡陡石级高。松阳话中有两句用以形容山高路陡的土话，十分形象生动。"脚骨头打揎"，"揎"，松阳话，"比量"的意思。这山岭的石级跟小腿一般高，站在下一级，膝盖骨都能够到上面一级；"脚骨头"，松阳话"膝盖骨"的意思。还有更夸张的,"撤〈抬起〉脚撞下巴"。就是说,想抬腿迈到上一级石阶,抬起的那只脚几乎会碰到下巴。试想,这条山路的石阶该有多高多陡了。

一直往上艰难登爬,约两千米,就到呈田村了。虽不算太高,可是村子坐落在山顶,且多无傍边,几乎孤山一座,除了靠天降甘霖外,无其他水源可引。可以说,村民的生存条件极差。

呈田岭还不是最陡的山岭

自古以来,除苞萝、番薯之类旱地作物,水稻种植很少,遇上大旱天,"无水汏饭甑"的状况,还真不是夸张之辞。"饭甑",松阳民间常用的粗陶器皿,倒圆台状,多用于盛饭。用后洗汏干净,待下次盛饭。

还是说竹源乡吧。

"后畲的奶儿,横岗的笋,大岭头的媳妇擦镬盖。"松阳话"盖"字发音为"gen"。我倒倾向于认为"gai"和"gen"是松阳话"盖"字的文、白两种读音。前者是文读,后者则是白读。比如"桶盖亭"的"盖",就念"gai"。

这句话里的三个村子都归属竹源乡。后畬这个山坳里的小村子这几年火了。在"旧村改造"的大动作中，后畬村成了美术创作基地，有了画家工作室。深山坳里的后畬村，山清水秀，竹修林茂，静谧从容。自古以来，这个村子里出来的姑娘，真的俊俏水灵，窈窕可人。横岗村，以其村名可以推断，村子定然在高高的山岗上。从竹溪源水库上游，过墨口殿，沿山脊"之"字形的山路，一直往上爬坡，快到村口，大树庇荫。几株树冠硕大无比的香樟树，把村子遮蔽得若隐若现，恍若画中。和竹源乡其他村子一样，横岗村也盛产毛竹，唯横岗村四周的竹山土质肥腴，且多红黄壤，宜于毛竹生长。是故，横岗村产的毛笋肉质丰厚，味道甜鲜。大岭头村，在后畬村西，地势比后畬村高。这个村子一直以来被人称道有讲究卫生的良好村风。用最具画面感的文字表述，就是大岭头村的主妇们经常在村口的小山溪擦洗锅盖。还有个版本，说的是"赤圩的笋"。

这都是过去的事了，如今这些山村都已通电，通车，通自来水了。

（三）

还有一句俗话，有点不太斯文，为了避嫌，只得用"×"来表示，以免出现我四十多年前遇到的那种尴尬。

"×××，当央一根（条）坑（小溪），囡儿弗嫁生外甥（孙）。""当央"，松阳话"当中"的意思。松阳话"中"字有文、白两种读法，白读发音若"冬"，文读发音若"忠"。"根"即"条"，"坑"在松阳话中即小溪流的意思。整个句子最直白的意思就是：这个村子的姑娘常有未婚先孕的事，究其原因，恐是村中一条小溪坏了风水吧。

这未婚先孕在过去是被视为耻辱的事，所以才会有这种带有谴责、奚落意思的俗话。

其实，在当今开放包容的社会背景下，换个角度看问题，似也无须对此多加苛责。早年间，不，不用追溯太前，就是五六十年前，松阳农村，特别是山区，民众的生活是困苦且单调的。松阳人称山区为"内山路"，交通不便，环境闭塞，出趟县城少则走三十里，多则走八十甚至上百里路。不少老人从出生到去世，说句令人心酸的话，"连松阳县（城）都弗曾去过"。少男少女的情感生活，远非影视或戏曲作品中表现得那么浪漫那么文雅，更绝无易安居士那种"柳眼梅腮，已觉春心动"的雅致闲适。

松阳还有句话叫"上灯酉，散灯戌"。那年头别说山区，我们住县城的，一到晚上八九点钟（戌时）就少有人上街了。山区民众点灯照明的大多是松明、火篾，有一盏柏油灯盏已是不错的人家了，哪来什么"夜生活"。小山村的少男少女到青春萌动期，更多的恐是以最直接最原始的方式互相示爱。就如《红高粱》中："爷爷奶奶在高粱地里……"而且"囡儿弗嫁生外甥"的事，还不独过去年代，也不独中国会有。一些外国名著中也常有此类故事，例如《苔丝》中的苔丝和哈雷的故事，例如《复活》中的玛丝洛娃和聂赫留道夫的故事。再看如今每天热播的所谓都市情感剧，总少不了俊男靓妹一见钟情，然后很快过上同居生活而婚外怀孕的故事情节，而小夫妻还炫耀什么"奉子成婚"，享受得很。且社会也并无多谴责。

大旱三年欠少一日

我倾向于认为，并非一定是圣贤哲人说的话才是有哲理的。山村乡野的凡俗者，脱口而出的不少俚语俗话，尽管并非字字珠玑，却也有不少是充满哲理，且大俗大雅的。

"冬天来了，春天还会远吗？"是被不少文章或影视作品反复引用的名句，是一句对未来满怀期待，既富有诗意又充满哲理的妙语。很长时间，我竟不知这是哪位贤达所言。好久以后才知道，此言出自英国著名浪漫主义诗人雪莱的《西风颂》。

来看看，雪莱所说的意思，松阳人是怎么说的呢？哎，大白话一句："十一月冰一冰，十二月便开春。"

一般而言，只要不是赶上农历闰年的年份，以公历为参照，每年12月（21）22（23）日是冬至，冬至过后开始"数九"。"三九严寒"，北方人所谓"三九四九冰上走"。这段时间正是小寒、大寒节气期间，就是1月中旬至2月上旬。以2021年为例，小寒节气在1月5日（庚子年农历十一月二十二日），大寒节气在1月20日（庚子年十二月初八）。立春节气就在2月3日，也即庚子年农历十二月二十二日，可见大概率而言，"十一月冰一冰，十二月便开春"是准确的。

一到寒冬，家父常会说这话："没事，清便清点。十一月冰一冰，十二月便开春。快佊便暖起了。"一种期许，一种憧憬，欣喜之情溢于言表。松阳话中，"冷"都用"清"字代之。

类似的充满哲理的大白话，松阳人口中还能说出许多。

（一）

"大旱三年（便）欠少一日。"这话类似于"一日不见，如隔三秋"，是关于时间长短的辩证关系的表述，同样也充满哲理。而"大旱三年（便）欠少一日"，还可以理解为智者的警示之言，类似西方谚语"压死骆驼的最后一根稻草"。

连年大旱，并不罕见，查看旧志和近六七十年的气象记录，都有详尽记载。这话的精妙之处就在"欠少一日"上头。

松阳农民之于秋收，是十分在意，十分看重的。开镰收割，脱粒晾晒，颗粒归仓。最后还要将曝晒干燥的稻草打垛储放。松阳人把收纳稻草叫"叠稿头旋"，稻草叫"稿（蒿）头"。这事一般都在秋收整个过程的最后完成。

叠稿头旋这活技术含量高，是少数年长有经验的老农的绝活。他们叠的稿头旋外形整齐，最重要的是不漏水，自下而上抽取稻草，直至用完，草垛绝无塌落，里面稻草依然干燥疏松。遇有技术不到家的，即便勉强叠成，两大致命的毛病也很快就显现出来：一是漏水；二是塌落。

田间常有小土丘、小山岗，都是存"稿头旋"的好地方。

稿头旋，有绕着松树干堆叠的，也有叠在地上的

小土丘四周低，利于排水；小山岗上多有松树之类高大直立的乔木，都宜于叠稿头旋。

操作时，由一人站在田边小丘上专门竖立的杉木杆下，或是小土岗的松树下，以木杆或树干为轴，先在树干离地约两尺高处扎紧几束稻草当底座，再在底座上叠放稻草。其他人将干燥的稻草束传递至操作者；他凭自己的经验，自下而上，半径由小而大再至小，一层一层，均衡往上叠放。存至一定高度，操作者一跃而上站在稿头旋上，一手扶树干，一手叠稻草。站底下的人要用竹竿将稻草送给站在稿头旋上的操作者。随着草垛升高，至快挨到树的横枝时，操作者用几束稻草沿树干一周包牢扎紧，就如给稿头旋戴上遮雨的帽子。叠好的稿头旋呈两头小、中间大的纺锤形，离地约一米，整个垛高三四米。

在灰铺边或田头小土丘堆叠的，则以操作者立足点为圆心，一层一层踩着递过来的稻草往上叠，叠成的稿头旋呈陀螺状。

早年间，山岗上田野里满眼的稿头旋，那就是丰收的象征，会看得人很舒心。

老农们根本没什么平面几何知识，但是在操作中却能"站稳立场""左右平衡"，将一束一束的稻草平铺连接，一层一层以树干为轴平稳叠放，缓缓收拢，半径慢慢缩小，使锤体上下四周都能匀称平衡，完成后，看上去酷似裹满棉纱的纺锤。以地面为底座的稿头旋，看上去又好似一陀螺，顺畅稳当。所有这一切，都全凭经验，对于满脸皱纹双手粗糙的老农民而言，什么圆心、半径、中轴，"厄对我缠"，翻成普通话就是"别给我纠缠那些没用的"。

除了在田垅（即野外）打稻草垛外，还要挑一些往家里存放。在牛栏、猪栏（圈）顶上放一些，用作饲料，兼带铺垫牛栏、猪栏（圈）之用。这里又得扯上一句松阳土话："读书怕考，种田怕担稿（头）。"

挑稻草这活看似不累人，其实很招人烦，过去男人夏天干活都赤膊，挑起蓬蓬松松的稻草，皮肤难免被触碰划擦，刺出条条红痕，汗水渍过，痛痒无比，男人们都怕担稿头（挑稻草）。后来"合作化"了，再后来，又"人民公社化"了，妇女、孩子都下地干活挣工分了，这担稿头的活，就多留待妇女、孩子干了。她（他）们多不敢赤膊，也就不怕稻草触碰，所以，"怕担稿"的说法也渐渐消失了。

垫入牛栏、猪栏（圈）的稻草，和着猪、牛的粪便，被踩得稀软，就成了松阳农民眼里的绝好肥料，松阳话叫"牛栏坲""猪栏坲"，或者"牛坲""猪坲"。养有牛或猪的农户，定期要将牛栏、猪栏（圈）清理干净，再垫上新鲜的稻草。而清出的牛坲猪坲，或直接挑到种有农作物的如玉米地、番薯地、淤田中，当作追肥或基肥；或在无须直接施肥的季节，将其沤在灰寮或地头，以备来年施用。现在想来，那年头的农业经济才是真正意义上的"循环经济"。

嫩绿的稻田，连绵的山岗，零星的灰铺，套轭的耕牛，劳作的农夫，还有一垛又一垛的稿头旋，以及稿头旋窟臀下的种种故事。

这就是六七十岁的松阳老人印象中的田园风光，记忆中的乡愁。

一切都回不去了。

（二）

还是让文字回到正题，就当是"讲天话（说故事）"。

三年大旱，熬到第三年秋收过后，只待（明天）将稿头料理好，就可以"时观大有"，享受衣食无虞的小日子了。

始料未及，夜里下了一场秋雨。第二天去到地里一看，已晾晒干燥的稻草瘫倒满田，别说什么烧灰垫牛栏了，就是入冬后给家人铺床的几束干稻草也无着落了。湿透的稻草瘪塌匐地，即便雨后翻晒，也不再蓬松白净，而是绵软褐黄，铺床是断不能用了。

早年间，松阳人多用晾晒干燥的干净稻草铺作床褥，类似东北人用的"乌拉草"。松阳有句民谚叫"毡单毛毯，不抵稿头抖散"。纯净干燥的稻草，松软透气，保暖性能很好，用作床褥真的很不错，只是翻晒有些麻烦。三十多年过去了，松阳农村水稻种植少了，稻草也少了，农村民众的经济条件也已有很大改善。这些年来，无论城乡，几乎家家户户都用上各种保暖垫褥，"稿头抖散"这句俗语也就再无人诵念了。当然，这话还有一层意思，是说做人要安贫乐道，切不可贪图富贵。

早年间，松阳农村栽种水稻分"空田"和"麦田"。空田，即头年秋收后的冬闲田；麦田，是指大（小）麦收割后栽种水稻的田。空田插秧早，收割也早些，一般在农历七月半后就有新谷登场。"麦田谷"则要等到农历八月初才能开镰收割。松阳话的"八月出"，指的是麦田栽的水稻收割登场。

农历七月半至八月初，松阳常会下雨，因为是七月半前后，所以松阳民间都称之为"兰盆雨"。这是因为松阳当地各寺庙观庵（其实各地皆然）会在七月半举行超度众生、追悼亡灵的法会，称"兰盆会"（此俗已久废）。因松阳话的"兰盆雨""烂半雨"读音相近，民间又将"兰盆雨"讹演为"烂半雨"，"七月半，烂半雨（兰盆雨）"。即是。

"空山新雨后，天气晚来秋。"滴滴霏霏的秋雨，松阳人还给出一个充满诗意的叫法："秋霖。"

"大旱三年（便）欠少一日。"可见，这最后"一日"也是不可"欠少"的。这话除了流露出一丝无奈，也隐隐有追求圆满的意思在里头——可不能再出现什么意外噢。

（三）

而与"大旱三年（便）欠少一日"意思相近的一句话，"大毛（麻）疯不在乎鼻头尖"，就明摆着有一种不屑、不在乎的意思在里面——"大不了啦"。

"大毛疯"，松阳话，即麻风病，"是慢性传染病。临床表现为麻木性皮肤损害。严重可致肢端残废"。因为此病能接触传染，松阳话有个说法叫："你个人大毛（麻）疯的样，无劳搭咯。"或者："你个大毛疯，触锋摆毛弗得。"意思就是你这人嚣张得简直让人不敢与你交往。或者，你简直是有麻风病，挨不得碰不得。

"触锋摆毛弗得。"这句松阳俗语，嘲讽一些人傲气十足，令人生畏而不敢亲近。一般这话多用于嗔责耍脾气的好友或孩子。

麻风病传染性强，所以绝不可随意触碰这类病人，病人用过的物品也切忌接触使用。早年间少有药物治疗，多将病人赶至远离村庄的荒郊隔离，所遗物品统统付之一炬。疾病高发地区有专门的隔离区，俗称"麻风村"。1949年后，医疗条件得以改善，"麻风村"都有专门医生定期上门免费诊治，状况大有好转。

麻风病到后期十分严重的程度，几可致全身皮肤破溃，眉毛睫毛脱落，直至鼻梁烂穿而至塌陷。所以"大毛（麻）疯不在乎鼻头尖"一说，由此而来。全身都烂遍了，还在乎鼻尖那么一点吗？明显的无奈。

说这话的未必经历过这种无以名状的苦痛。一般而言，都是将这话用作比喻，谓之"严重了"。

有人做生意亏损严重，又苦无有效的止损措施，当事人会自嘲道："管它的了。凭在它蚀，再咋缠也无用。大毛（麻）疯不在乎鼻头尖，随便它啦。"一种无奈……

有铺张浪费者为自己的行为辩解，也会用这话。朋友聚会，一大桌子菜吃了没多少，散席前，有人建议打包，此时，买单的当事人会满不在乎地说："算了，大毛疯不在乎鼻头尖。不约了。"简而言之，就是"算了，不拿（打包）了"。任由之，一种不屑。

和这差不多意思的还有"跪倒不在乎一拜"。早年，叩见尊长或去寺庙进香拜佛，讲究跪拜。双膝下跪，然后双手合十，再然后手掌贴地，同时用前额触地。动作幅度大的，额头触碰地面时会发出声响，所谓"磕个响头"。三十多年前，去普陀山。上山的路上见一虔诚的信徒，真正的"三步一跪，五步一拜"，就是所谓五体投地。其中有一位一直跪拜到山上，以致额头红肿，双膝破溃。

"大旱三年（便）欠少一日"那话的语境，更多的是倾向于"无奈"。而这一句呢，用最时髦的、最与时俱进的话来说，就是"努力打通最后一公里"——都做到这程度了，坚持干完吧！

"窈窕"带来的快乐

快乐的诱因是多方面的。

2000—2003 年，有幸在《松阳报》主持副刊编务，曾编发过一篇署名"庖无鱼"的短文《九角钱的快乐》。说的是主人公的丈母娘一次买菜时摊主多找了她九角钱，美得老太太一整天乐不可支。故事很生活、文笔也不错。

我不敢自称"大男人"，但凡买菜找回的钱从来不计数，总是一把攥了塞进口袋，自然绝无那位老太太撞上的"木耳扑落汤罐"般的大便宜。不过，有一回却因了松阳方言中的两个字，着实高兴了好几天。

前辈老先生叶梦麟著有《松阳方言考》，老先生称："古语散布各地，非但闽越多之，而我松阳保存者颇多，可谓'蕞尔松阳，满街佳语'。""细考之，实多唐虞三代之遗音。"还有论者言，松阳话里有不少"孔子时代的读音"。

别不信，真的。

孔老夫子辑集的《诗经》是传世经典，分风（国风）、雅（尔雅）、颂（周颂）三部分。《诗经》开篇《关雎》，起首一句："关关雎鸠，在河之洲。窈窕淑女，君子好逑。"可称为名句了，大凡有中等文化程度的人都会吟诵。

记得 2011 年深秋的一天，我正在看书，突然脑子里"窈窕"两字一闪而过，旋即觉得这松阳话里的"yao diao"和《诗经》里的"窈窕"一词在读音与词义上完全吻合。换言之，两千多年前《诗经》里的语言，还真的"活"在松阳的土话里，"yao diao"即"窈窕"。

　　具体而言，老辈松阳人对于俊俏可爱、招人喜欢的女孩子常会戏谑地说："你个'yao diao'。"对于俊美而俏皮的姑娘，大人们会说："这小闺妮'yao diao'的样。"总之，这"窈窕"一词多指女孩子标致漂亮，俏皮可爱，招人喜欢。用戏曲人物来直观的比方，就是《西厢记》里的红娘、《春草闯堂》中的春草一类的角色。

　　两千多年前孔子时代的文字，竟然还在松阳方言里原汁原味、毫不走样地保留着，着实令人惊叹不止。

　　这一"发现"令我很是兴奋，随即将这一"发现"告诉妻子，与她分享我的快乐。过了一天，又打电话告知了女儿，女儿在某高校里教授中文。20 世纪 70 年代初，她成长时期松阳的方言环境已不再"原生态"，所以对她说这事，还得先有一番关于早年间松阳方言语言环境的介绍。最后，女儿也只是含糊其词地应道："好像记得奶奶平常有这种讲法。"

　　随后，我又和几个年龄相仿的同学朋友交流了自己的"发现"。那几天真的很快乐。

"忐忑"引起的激动

这"窈窕"给我带来的兴奋还没有消退,一日,又被"忐忑"搞得非常激动,以致心里"忐忐忑忑"好一阵。

那是一次朋友们在乡下游玩,当时正围在一张石桌上打扑克。兴头上,猛听得一位朋友讲话有些词序不当,语无伦次,朋友们都笑话他,说他心不在焉,讲话都"dong dong dei dei"(松阳话,可以对应"胆""对")。他自言道,正在想什么事,"腹里总有些'dong dei'"。

松阳话中"腹"念"bo","腹"也指"心",如"心腹""心腹直""腹里难过"等。此时,我恍然大悟,遂拍石大呼:"原来'dong dei'就是'忐忑'。"

音和义都与"忐忑"一词十分切合。比如老年人走路不稳,松阳人会讲"这老成人走路忐忐忑忑";某人讲话前言不搭后语,别人会说是"该日咋啦?讲话忐忐忑忑";人有心事显得神情不宁,会对人说"腹里总现得忐忐忑忑";等等。

"忐忑",如此书面的字,竟然又是松阳人口语里的常用词,妙哉!

此类十分规范的书面语,在松阳人的口语中普遍使用的例子可谓多不胜举,拙文《闲说松阳话》里曾举过一些例子,如"恳你""有劳""无劳""姑勿论""譬言讲""便是了"等。真要说的话,还可以举出许多许多。例如"旯旮"这个词,松阳话中是一个常用词,"旮旯头""僻旮旯头"。其实,有人写的"角落头""僻角落头"也无不可。

　　不少上了年纪的土生土长的松阳人，对于松阳土话中的这类词语知之甚多；而如今又有许多年轻人热衷松阳方言的研究。本人年纪不大又并非专业，实在不敢卖弄，只是不时悟出一两个字（词）之后，自己偷着一乐而已。又因为把不准自己的"训诂"（"训诂"是大学问，不敢妄称，姑且借用），于是想到就写出来，权当是我讨教方家了。

"来不逮"和"囫囵吞"

松阳话或者说松阳方言，非常古老。松阳话不仅古老而且还有非常强的生命力，它在松阳人的日常生活中表现得很精彩，这是本人一直以来的认识。

2004 年，拙文《闲说松阳话》曾举例说明。

"勿曾"这个词，通常只有在古代小说或是传统戏曲的唱词念白中才能看到或听到；可是松阳人嘴里，"勿（弗）曾"却是十足的口语常用语。如"勿（弗）曾咥""勿（弗）曾去过""勿（弗）曾来过"，还可以举出很多很多例子。

"姑勿（弗）论"，这个词可是标准的书面用语，松阳人平常说话还常会用到这个词。在松阳话中表示"说不定""未可"的意思，比如"他姑勿（弗）论先走了"，意思是"他说不定先走了"。松阳话实在是斯文有加。

最近，于此类话题，又有了一点新的心得。

在松阳，小孩子（其实大人也如此）吃东西很急，不加细嚼，很快吞了下去。大人们就会教训道："来不逮了，囫囵吞啊！"其实，"不逮"和"囫囵"在现代汉语里是非常书面的词汇，可是在松阳话里却是十分口语化的词，还能连着用，真是太有趣了。

《辞海》释"逮"，"及；到"，"不逮"，"不及；比不上"。

"逮""不逮"这两个词的读音和词义，与松阳话完全贴合，它们在松阳话里还是十足的口语。

松阳话中"不逮"组成的短语多不胜数。

"来不逮"——来不及，"吃不逮"——来不及吃，以此推之，还有"写不逮""做不逮""逃不逮"等。总之，来不及做完什么，松阳话都可以用"×不逮"的形式来表达。

松阳人还有一句骂人或者说是吓唬人的话，叫"死不逮"。照前文说的意思，就有点不可理解了：死，怎么会来不及呢？其实，这里不过是用以表示某件事没有办好，产生不良后果，有人要承担负责了。简言之，就如同现今年轻人常说的"你死定了"或者"你真该死"。

"死不逮"也有用作名词的，比如"你个死不逮"，翻成普通话就是"你这死鬼"。

有朋友提出"迨"字。迨，等到、达到的意思。"逮""迨"词义相近，但窃以为"逮"字有"及"的意思，用它似乎更贴切。

再说"囫囵吞"。

它和"囫囵吞枣"的读音和词义完全相同。

《现代汉语词典》释"囫囵"，"完整；整个儿的"。囫囵吞枣，原意是把枣儿整个吞下去，比喻读书不加分析，笼统全盘接受。

比之《现代汉语词典》中所举的"囫囵吞枣"，松阳话中"囫囵吞"一词的应用就灵活多了，在语法结构上来了个"宾语省略"。这就为后面的宾语预留了不少的空间，即可以有许多东西"囫囵吞"了。这"囫囵吞"指把食物整个儿完整地吞下去，那可就不仅仅限于"枣"了，它可以是枣，可以是葡萄，可以是杨梅，也可以是一口饭，还可以是汤团、馄饨，等等。总之，任何能含在嘴里小圆球状的食物，都有可能"囫囵吞"下去。

所以，我真认为松阳话"囫囵吞"这个词，实在很精彩。

"能干粽"和"无用粿"

绝无小看别人的意思。我思忖，听说过"能干粽"和"无用粿"这两个松阳方言词汇的人，恐不是太多。

单从字面上看，似乎很难理解它们的含义，"粽"何以"能干"，而"粿"又何以"无用"呢？这要先往远了说几句。

早年间，大户人家的女儿有条件识文断字，继而可写诗作画，那叫"上得了厅堂"。对于一般村姑农妇而言，最重要的就是要"下得了厨房"，对她们来说，灶头锅台、浆洗缝补，必然是生活的全部。总而言之，擅长操持家务的女人是最让人看得起的。而其中，锅台灶头的活是很见功夫的。新媳妇嫁到夫家三天后，就要上灶头煮饭烧菜，侍候丈夫和公婆，所谓"新县主三日新"就是这个意思。除了日常的一日三餐之外，逢年过节能制作各种应时的点心小吃，更是一个女人受人夸赞称道的重要条件。

以松阳而言，过年要蒸年糕，做冻米糖、芝麻糖之类，清明做清明粿，端午釉（烙）薄饼、包粽子，农历八月半（中秋）做沙擂（也作"溜"），农历重九蒸灰汁糕（千层糕）、捣米豆腐，冬至打麻糍、做冬至粿，等等。尽管算不上精美糕点，也可谓丰富多彩，吊人胃口。

粽子用箬叶包裹，煮透后可放三五天不坏；再次蒸煮后，晾在通风阴凉处，还可再放置三五天。清明、端午这段日子，气温尚不太高；而冬至一到，北方地区已开始"数九"，进入严寒，天气更有利于储藏食物。所以家境稍好的人家都会适当多做些清明粿、端午粽、冬至粿。尤其是端午粽，不少人家都会浸泡数十斤甚至上百斤米，用来包粽子。

包粽子很有讲究，尤以山里人家认真。除了包实扎紧外，烧煮也很费功夫。包好的粽子十只扎成一扎，然后一扎一扎放入锅中，放水没过粽子，烧煮三四个时辰，久煮之后还要焖上几个时辰。这样煮出来的粽子剥开箬叶后，一眼看去晶莹剔透，一口咬下香醇软糯，那叫一个好吃。

毋庸赘言，粽子馅料也很重要，酸咸适口、乌黑油亮的霉干菜，家养土猪的五花肉，是松阳人包咸粽子的标配。这样的粽子一口入嘴，香浓味鲜，咸鲜味从舌尖直到舌根，令人回味良久。甜粽子看上去不太讲究，不太细的赤豆泥拌入土法熬制的红糖，加上几粒大肥肉。绝对正宗的农家甜粽子味道，甜而不呛，油而不腻，味道也十分鲜甜爽口。

这种优质粽子，只会出自心灵手巧、十分能干的主妇之手。换言之，心笨手拙的女人包的粽子，煮过之后稀松塌软，糯米会从箬叶的缝隙中往外爆挤而出。总之，这种粽子外观、口感全都会让人觉得倒胃口。是故，"能干粽"的意思是说，包得好粽子的主妇肯定是很能干的。

遂昌人的粽子包得很好，尤其是一种长粽子。粽子长一尺有余，包裹的糯米足有一斤，出锅后看去有成年人胳膊一般长短粗细。早年间，每个村子都有那么几个叔婆、婶婶是包粽子的能手。遂昌乡俗一如松阳，每年端午节女婿都要给丈母娘家送礼，俗称"送端午"，这长粽是所备礼品中必不可少的。2008 年，我出过一本小册子，需要用到一张乡村人家过端午包粽子的照片，让在遂昌的亲戚代办。没想到她找了好几个地方，才在石练乡一户人家看到那个热闹场面，拍了几张照片。当时我很为遂昌人可惜，怎么能把如此令人思念，且能勾起乡愁的传统美食制作工艺给丢弃？幸运的是，据说这几年遂昌县有关部门觉得，当地山村的长粽子制作是一项不可多得的旅游项目，堪当乡村旅游的宣传广告，于是乎便把包长粽子表演纳入了旅游推介项目，可谓明智之举。

这一帮，可都是能干媳妇

而自20世纪90年代以来，最令我念念不忘的是丽水的"一口粽"。以本人的感受，什么"×芳斋""×老大"的口味，过于浓鲜，过于厚重，吃过有点腻味，远不及"一口粽"的清爽甜香。另一个令我青睐它的原因是这粽子个小，两口三口就可以吃完，没有饱腹感。

至于做粿，如清明粿、冬至粿，在制作上则无那么多讲究，几乎每个家庭都会捏拿出来。至于形状，则是圆是椭，是平是扁，无碍大事，蒸熟即可。纵使再不擅长家务，换言之，再无用的人，也能做出清明粿、冬至粿。这就是"无用粿"的意思。

清明粿好吃与否，

其实，她们也并不"无用"，除了做粿，也能包粽子

清粿坯很重要，软糯要适度，艾蒿成色要翠绿，当然馅料是关键。咸味馅料，笋丁酸菜、肉末粉丝，脆爽可口；甜的馅料，红糖赤豆或芝麻白糖，甘甜香浓，油而不腻。所以要做出有嚼头有味道的清明粿，也并不是那么轻松的事。

而冬至粿则一般都是萝卜丝馅，家境稍好的会往里加点虾皮、油渣，倘若加的是香菇肉末，则必定是殷富人家了。松阳有句俗话叫："冬至粿菜头馅（松阳人称'萝卜'为'菜头'），买不去自当饭。"

也是，粿，要做到卖相好看，味道爽口，绝非"无用媳妇"可轻易应付的。

"脱壳"种种

说到傻瓜、傻子，几乎所有的人都明白它的含义。而各地方言中取笑某人愚钝少智、不明事理，都会有不少比喻恰当、形容生动的精彩词汇，那就不仅仅是"傻瓜""傻子"了，如四川人就将傻子叫作"憨包"或"方脑壳"，天津话则叫"二虎"，东北人则叫"山炮"或"棒槌"。松阳话骂人傻瓜叫"脱壳"。

（一）

松阳话"脱壳"一词很有意思，很形象。指的就是蝉蜕、"龙衣"（即蛇蜕）之类，昆虫或爬行动物成长时蜕变所遗下的外壳，仅仅一层极薄的外衣。于是松阳人就用"脱壳"一词，来指那些混沌无知、不明事理的人。就如蝉蜕一般内中空无一物，徒有一副"空皮囊"。当然，松阳话里一般多将"脱壳"当作玩笑调侃用语。大多场合中并无贬低的恶意，更多的是善意的戏谑。甚至可以这样说，被称为"脱壳"的都是说话者自己的子女或是与之关系极为亲近的人。例如孩子说了什么不着调的话或是干了什么傻事，父母就会笑着嗔道："你个人全盖脱壳的，生点道路做勿好！"翻成普通话就是"你这人怎么这么傻，这么一点事也干不好"。总之，是责怪而又以不使对方太难堪为度。

松阳话里和"脱壳"的比喻差不多的还有不少，这里不妨举例一二，权当闲聊。

"脱把"，即"脱柄"。刀斧之类的工具是有把（柄）的，把（柄）脱落了自然不能用了，用来比喻某人什么也干不了，毫无处用。

松阳有句话："箍得脚底箍,才刚管得家。""才刚"有"才能够"的意思

"不净"。这里的"净",并非"干净"的净,而是"纯净"的净。不净,即有杂质、不纯正,多用来比喻种子。若稻种不纯净,杂有稗子,那么栽种的水稻植株会长出稗草。稻子、稗子的幼苗长得很是相似,都属禾木作物,只有有经验的老农民,才能在大田里,将稗子的植株辨认出来并去除。稗子是无用的废物,尽管抽穗后能轻易将其与稻子加以区分,但拔除稗草得费功夫。讥指某人"不净",即喻某人脑子糊涂,不可理喻,简直废物。类似于普通话的"脑残"。

"通底"。早年间家用的水桶之类的器具都是木板箍成,先箍成圆筒然后安上桶底。这木桶的底塌陷了,或者说底没了,自然也就不能盛放东西,这桶也就毫无用处了。"你个通底"即你这无用之人也。

(二)

不少老辈松阳人都听说过或者对子女讲述过,关于"脱壳"的本地版经典笑话。

民国年间,松阳县城有吴姓财主,乡下有田产,城里有商铺,家境殷实，膝下有两女一子。两个女儿聪明过人，不仅深受传统文化熏陶，小女儿还受过现代师范教育，只是由于时代的原因，晚景很是凄苦。此处暂且不表。只是这个儿子，虽已长大成人，但用松阳话说则十分"脱壳"，无论是老爷子严厉训教，还是塾师谆谆诲授，硬是给他塞不进几个字，简直愚不可及。吴老先生难免为此忧心忡忡，且不说自己百年后万贯家产无人经营，就是这不肖儿日后的生活生存都难以维持。

一日午前，吴老又在为儿子的事闷闷不乐，仰卧在床榻之上陷入沉思。此时，刚好吴公子从门外进来，看着就一副傻样。吴老太太见状不免又嗔责起来："你个不争气的，整日不用心读书，嬉嬉荡荡，难怪你爸爸躁（'躁'，松阳话'生气'的意思）的。生些年书读了，连个'之乎者也'也不会。"吴公子无语。老太太又道："去喊你爸吃饭。"

这吴公子心想，谁说我"之乎者也"都不会，今天不妨来一下，让你二老见识见识。遂走近吴老先生房间门前，朝门内说道："父，食之。"老先生一听，心内一惊："难道这小畜生真的开窍了，姑且不理他，看他还有什么名堂。"随即将身子翻了过去，脸朝床内装睡。这时，吴公子轻轻走进房间，来至床前，问道："睡乎？"这吴老先生心中暗喜，甚至有点兴奋起来："看来还真有点长进了。"遂仍旧装沉睡没听见。此时吴公子语出惊人："好若死者！"一听此言，吴老先生从床上一跃而起，一边骂道："你个畜生，你巴不得我死了，没人管你！"一边抢起靠在床沿的司的克（文明棍），朝儿子打将过去。这吴公子倒也反应敏捷，转身一跳，就往门外跑去，一边跑一边惊呼："险也！"

当然，这故事难免有夸张演绎、附会托假之嫌，但这吴公子却真的是松阳人眼中傻子的典型。

和"脱壳""不净"近义或者说同义的，松阳方言中还有一个非常精彩的词叫"夹铜"。早年间，年岁稍大的老人嗔责孩子时常用"夹铜"这个词，如今用得少了。孩子犯傻说了错话或做了错事，长辈就会责备道："你个夹铜啊，咋会有劳生讲（做）格哇！"

我不记得父亲是否对我做过"夹铜"的评价，倒是对我的儿子、他的孙子，常会在他闯祸、赌气或是撒泼时，在一旁抿着嘴微微笑着道："你个夹铜（或脱壳）啊，咋缠缠咯！"而我儿子则会倚着柱子或是板壁，又哭又闹还不停地跺着脚喊道："我不是夹铜（脱壳）！"此时他爷爷更是乐不可支，大笑着道："呀，这样子便是脱壳（夹铜）喂。"这是一贯严肃不苟言笑的父亲少有的开心放松时刻。

（三）

说真的，儿子还真有"脱壳"的时节。不信，我转录前些年旧作的片段看看。这是1988年发表的《"傻"儿子》中的文字。

儿子常有犯"傻"的时候。就说1988年高考吧。始料未及，儿子的成绩过了重点线。一时间亲朋好友的庆贺赞扬不绝于耳，恭维过几句后，都会问起报考的专业。一听说儿子报考的是哲学系，谁都为之惋惜，那样子倒像我儿子落榜了似的；再一听是马克思主义基础专业，几乎都说儿子傻了——家乡土话叫"脱壳"——放着外贸、法律、新闻这些热得烫手的专业不报，如今谁还会念这冷门中的冷门呀，真够傻！他却每次都这样大大咧咧地回答叔叔阿姨："没事，我喜欢！"后来，儿子果真以第一志愿被某名牌大学哲学系马克思主义基础专业录取了。

转眼开学。临走时，他执意不让我们送他到学校。妻子还因为儿子头也不回的"男子汉气概"暗自掉泪了——儿子真的长大了！好在他舅舅也送孩子上学，我们也就放心了。

妻兄刚回来，妻子就急不可耐地想问个究竟，却不料妻兄劈头一句："哎，这孩子真是——太傻了！"原来，上火车时儿子又犯"傻"了。车门刚停稳，候车的人们就一窝蜂地直往车门里挤，他却在边上纹丝不动，直到妻兄父子俩都挤上了车，他还在一个一个地让，不时还搀一把上了年纪的、带着孩子的；妻兄探出车窗叫他快上："人家都爬车窗了，你还愣着干啥？"儿子笑着摇摇头："没事，来得及！"汽笛响了，他还在给一个正在艰难上车的老头拿行李。说完，妻兄还重重补了一句："都什么年头了，还有这样'脱壳'的人！"

真拿这"脱壳"没办法。

《再说"傻"儿子》是1996年发表的小文。

春华秋实，四年过去了。儿子在这熙熙攘攘的商品社会里挤了四年，却依然"傻"气未脱。

1995年春节前，儿子来电话，说是工作太忙，不能回家过年。我们家"领导"急了："再忙，哪能不过年？得给你们头儿打个电话，问是怎么个安排。"这一"军"把儿子"将"急了，只得据实"交代"：除夕夜要去几家宾馆采访市民过年住宾馆的事；大年初一凌晨五点要到延安路采访节日坚守岗位的环卫工人；还有……他说比起家住外省的或是家里有老婆孩子的同事来，这大年节加班的任务就有些"非他莫属"了。

于是，到头来我们也就只有"表示理解"的分了。

没想到第二年的春节前，他又"理所当然"地成了省城新闻"扶贫济困淳安行"活动的一员。而且要一住十天，去的是淳安县一个贫困山乡。

春节刚过，出差到省城见儿子，觉得他成熟多了。他绘声绘色地讲起了这次淳安之行，说得很动情。他们来到了地处海拔一千二百多米的一个贫困乡，走访了十多个村子的二三十户贫困户。

他说，和村民们一样啃着苞谷饼喝着苞米粥，才真切感到原先似觉平常的肯德基消费着实够奢侈了。看到高压电架到村口，不少村民却苦于没钱交纳电费依然燃煤油灯熬夜，真巴不得在"让城市亮起来"的同时，让山村也尽快亮起富裕之光。一脚迈进那些贫困户的门槛，就会情不自禁地从衣兜里往外掏钱，哪怕只是五十、一百元，心里也觉得踏实些。儿子还告诉我，他认了一个"干妹妹"。那是一个十二岁的失学女孩，父亲有些精神失常，母亲又是拖着双腿的残疾人。他说开春要让那小女孩重新上学。他决定每年资助五百元，供她念完小学。我问儿子你有这能力吗？儿子回答得很轻松：就当每年少买一件衣服吧。

最后，儿子下结论：这次淳安之行绝对值得！因为他懂得了许多书本上、学校中和城市里不能学到的东西。

他还是那样的"傻"、那样的"脱壳"。

（四）

闲话扯完了，还是回归原先的话题。

对于"夹铜"这个词，原先只是听说而不解其详，后来问过父亲才知道，这个说法是有些来历的。

银圆，是民国年间流通的主要货币。按规制，一枚银圆的重量为旧制十六两秤的七钱（约合二十一点八七五克）。一般而言，中央造币厂制造的银圆都是足量纯银的，但有的省份造币厂会偷工减料，在白银中熔入少量的铜。这样铸出来的银圆就不纯不净了。铜的比重比白银小，所以一枚夹了铜的银圆的分量就不足七钱，一般都在六钱八分左右。所以，松阳人也有把为人不地道、办事不正规的人称为"夹铜"，或者干脆称之为"六钱八"。

早年间，商家或是有经验的老人拿到银圆后，都要托在手指尖

侧耳一听，能分辨得出银洋钿的真假，那可绝非一日之功

（王芬天　绘）

上掂一掂，然后将两枚银圆相互碰击，听声音清晰悦耳、余音悠长的就是纯的，否则就是夹铜的。更有老到的，用指尖托住银圆，对准边缘轻轻吹一口，侧耳一听，凭气流对银圆冲击产生的震动发出的轻微声音，就可分辨出银圆的真假。当然，那绝非朝夕之功了。

　　民国年间，松阳县城和古市镇有好几家钱庄经营汇兑存取业务，而且各钱庄都有经验老到的账房先生长于判辨银圆的真伪。而这方面，"叶聚利"钱庄在松阳算是比较权威的。老辈松阳人都知道"叶聚利印公假"的说法。所谓"印公假"，指的是银封上盖有"叶聚利"大印的，定是官方造的真纯银圆；否则，不敢保证会不会有假冒夹铜的银圆。

由"作"引出的话题

最近这些年，"作""作秀"的使用频率很高，影视作品中的人物台词、报刊的字里行间，都随处可见。

"作"字在松阳话里使用较多。"作"字松阳话发音作"zo"（普通话里无此音节），而"作秀"这个词，1978年第一版、1983年第二版的《现代汉语词典》中都未见收入。"作"这个字尽管在普通话里并不常用，在松阳话里却是一个很"土"的词。

记得年幼时，常会为想吃某种零食或者想外出玩耍，缠住母亲不放，嘴里不停地嘟囔着。这时，母亲显得不耐烦了，一边递过一分或两分的零钱，一边正色道："你作啦，再作来望我咋修你！"这是一种警告，警告我别再闹了，再闹就要受惩罚了。这个"修"字也很有意思，经常看到影视作品的人物台词中有"修理"这个词，如"看我怎么修理你"或者"我让××把你给修理了"。和松阳话里的"修"字一个意思，当下算是时髦的词汇，松阳话里则都是十足的土话。

"作吵"，不停地吵闹。多指孩子不识时务，不听话，为某个要求未得到满足闹个不歇。逢这种时候，脾气好点的父母会耐着性子说："厄（不要）作吵，大人慌仸（即很忙）！"翻译成普通话就是："别再吵了，你没看见大人都忙不过来了吗？"脾气急的则会吓唬孩子："再作吵，要捶你啦。"就是说，再吵个不停打你了。"捶"，松阳话就是"打"的意思。

"骨作""讨骨作"。这两个词（词组）许多年轻人恐怕难得听

到过，它们的意思有点近于普通话里的"欠揍"。一般亦多作教育
哄吓孩子的用语。过去，孩子不听话（老年人十分讲究孩子"听话"，
这是评判一个好孩子的重要标准。此为闲话，不说也罢），孩子闯
祸了，比方把某件东西打破了或者和小伙伴打架了，大人们就会训
斥孩子："你个骨作的！"或者："你像真讨骨作噢！"类于普通
话"你个欠揍的"。

"歇作"，它偏于"歇"，即停止劳作。农民下田干农活或是
帮人劳作，临收工时，总会有一位领头的说声："歇噢！"或者："歇
作噢！"这是这个词的一层意思。

而"歇作"运用得更多的是它的另一层意思，其实也是由第一
层意思滋生出来的，它的意思近于普通话"完了""糟糕"的意思，
多用作慨叹于某件事没办好或者给办坏了。而且说这话的多为老者、
长者，例如，"歇作，饭焦了！"或者，"歇作啦，××放田岸忘
记约（拿）归来了"。即：糟糕，某东西忘在田边忘带回家来。或者：
"歇作，手指头给（让）刀割了！"即：完了，手指让刀给割破了。
总之，什么事没办好，松阳人都会用到"歇作"这个词。

上述与"作"组成的词（组）中，"作"都读作"zo"，唯"搞
作"一词中的"作"读作"zuo"。

"搞"字单独使用，松阳话里有"算计""使坏""捉弄"的
意思在里面，就是"搞鬼""搞什么鬼""搞什么鬼名堂"之类的
缩写。松阳人在造新房子时，主人定要和泥工、木工等各种匠人搞
好关系，要"待好老司"，不然的话，就会担心工匠做点小动作。
松阳人讲："老司搞你一下，到头来弄得宅舍不安。"例如，剪个
小纸人放在房梁榫卯内或以动物血浆涂抹于柱子、板壁高处。用迷
信的讲法，如此一来你的房子就不吉利、不平安了。对此，松阳民

其实，大多数老司（手艺人）都是忠厚人，不会"搞人"的

间多信。

"搞作"一词由上述意思而言，类似普通话所说"恶作剧"。比方一个小男孩拿一棵小茅草或者是棕榈篾编的"小蛇""小蟋蚱"之类吓唬女孩子，一旁的大人就会数落小男孩："咋生搞作，妹妹让你吓嗷了。"怀疑某人做了什么出格的事，旁人会在背地里说："那个人搞作佹的，哪侬道路（指坏事）都做得出的。"

相信，老松阳人还会说出许多与"作"有关的土话来。

"贱"与"慈"

松阳话里"贱"与"慈"这两个字，说起来还有点意思。

（一）

"贱"字的松阳话读音可以说是十足的古音。何以见得呢？民歌《敕勒川》中唱吟道："敕勒川，阴山下。天似穹庐，笼盖四野。天苍苍，野茫茫，风吹草低见牛羊。"诗中的"见"字念"xian"，正好合了"见"字"jian"——"xian"的声变。普通话"贱"字读音为"jian"，而松阳话仍然念成"xian"。是故，我并不牵强地认为，松阳话的"贱"字读的仍是古音。讲错了请专家指正。

先说"贱"。普通话读作"jian"。《现代汉语词典》对"贱"字做了四种注释。第①义项指价格低，如"贱卖"，即低价卖出。松阳话没此一说，只是讲"烂便宜卖了"。第④义项谓之谦辞，如"贱姓"。两人打招呼问："请问贵姓？"答曰："免贵，贱姓叶。"旧小说或戏曲中的人物自称妻子谓"贱内"，翻成白语就是"我妻子"。除了在一些很正式的场合或一些很有文化的人，松阳普通民众交谈中不会用④义项的释义。

旧时也有称妻子为"内人"的，那是斯文话。松阳话则说成"厝（家）里人"。通常，贤惠的女人在家相夫教子，所谓"大门不出，二门不迈"，规规矩矩在家里。所以老辈松阳人都称妻子为"厝（家）里人"。

"贱"字的第②、第③义项在松阳话里有使用，但是读音有所不同，松阳话读"xian"，同"风吹草低见牛羊"中的"见"字。

"贱"字的第②义项为"地位低下"。有趣的是，"贫贱"一词在松阳话里并非"贫穷且地位低下"的意思，而是引申为嘴馋、贪吃。比如"你这人咋生贫贱咯"，意思是你这人怎么如此贪吃。又如"口嘴厄生贫贱"，意思是"嘴巴别那么馋"。当然此类话语多用于训斥孩童嘴馋，此一说法如今的年轻人恐已难得听到。"贫贱"一词何以有此引申义呢？窃以为，或许贫贱之人家境贫寒、温饱不保，遇上食物难免会有生理上想进食的本能反射，即"引起食欲"。成年人尚能"贫贱不移"，孩子则实难达到坚守自持的境界和品格，想吃了自然难免叫嚷讨要。于是就有了对"贱"字第②义项的"松阳式"引申，"贫贱"即"嘴馋"。此乃本人想当然的一种穿凿之说，有仰方家指正。

松阳话里"贱达"一词就更有意思了。"贱达"，说白了就是企冀因为"贱"而至"达"。这是中国人最朴素的想法。松阳人经常有这样的说法："这花（或者别的什么作物）十分贱达，种下去快佷就活的。"斯文点的说法就是"落地生根"。展开来，专业的说法就是对土质、水分、肥料等方面无特别要求，适应性强。"快佷"即很快的意思。"佷"，松阳俗字，"很""非常"的意思。

因"贱"而"达"的理念有非常实用的体现，比如表现在给孩子取名上。这是我国，尤其是农村地区民众皆以为然的现象。

早年间，农村卫生状况和医疗条件都大不如现今，是故新生儿死亡率高。为了让婴幼儿健康成长，人们除了在物质层面上做些尽可能的努力之外，还在精神层面上寻求依托和庇护。其中，人们首先注意到的是与我们日夜相伴的家畜如牛、狗之类，多无病无灾，成活率高，即便有点病痛也多能自愈。于是就希望自己的孩子，也能像狗那样健康成长；于是再进一步又想到，给孩子取带有"狗""犬""牛"之类字眼的名字，有的是大名有的是小名，或许孩子也就能如猪狗类贱物般，无病无灾，平安成长。比如北方地区农村家长会给儿子起小名"狗剩""大牛""黑牛"等。松阳话多把"狗"叫作"犬",所以松阳农村有不少孩子的小名叫"乌犬""犬侬";还有的将更被人看不起或者说更低贱的人或物起作孩子的名字,如"讨饭侬""丐丐""尿桶奶"等。且不管这类名字是否真有庇佑孩子的功能,是否真能因"贱"而"达",然而一代又一代,人们对此坚信不疑,皆以为然。

《现代汉语词典》中"贱"的第③义项是"卑鄙;下贱"。比如"贱人",是旧小说、戏曲里常会出现的辱骂那些不守妇道的女人的词。松阳话不说"贱人",而是用"贱货"一词来辱骂一些惯于卖弄风骚的女人。

松阳话里还有"贱头贱相"一词,它的含义有些接近于普通话中的"献媚"一词。多用于嘲笑一些地位低卑的小人物,有求于某些身份显赫、有钱有势的达官贵人时,表现出的近于讨好的恭顺和巴结,松阳人见到这类人就会十分轻蔑地说:"他啊,当官的人面前一副贱头贱相,望到都难过人。"松阳话中的"难过"一词,在这里是"不顺眼"或者"让人难受"的意思。

与"贱头贱相"意思相近的还有"卖贱"一词。它仍然有"献媚"的意思在里面,但还是有别于前者,它更多地有一种戏谑的成分在里面。比如孩子犯了错,大多会在大人面前表现出一种夸张的顺从听话和求人垂怜的可怜相,而此时大人们多会半嗔半喜地推开孩子道:"走开些,厄来卖贱。"或者,干脆说"厄贱""厄卖贱"。小孩子顽皮不听话,大人会唬孩子:"你又骨头贱起了!"意思就是"你欠揍"。"厄",松阳话,"别""不要"的意思。

(二)

说过"贱""贱达",再来说一说"慈"和"仁慈"。

　　"慈"，《现代汉语词典》中的义项有四，其中"和善"和"慈爱"的释义应用最为普遍。松阳话里"慈"的意思与词典中的释义有些差异，松阳人说"这人象真'慈'"或者"你咋生'慈'咯"，都是指行动慢慢吞吞或者动作不紧不慢。于是乎，这"慈"在松阳话的含义，就可以理解为由"和善""慈爱"引申出来的"慢""迟缓"的意思。可以这样理解，一个待人和善的人是不会有火急火燎的举动的，一个充满慈爱的长者是绝无咄咄逼人的态度的。所以这里的"慈"，我认为是一种心气平和的境界。确实是一种境界，处变不惊，慢条斯理。

　　至于"仁慈"，在松阳话里表达的也并非仅仅是"仁爱慈善"的意思，更多的是"忍让"或者"不张扬"的意思。这绝不是我的牵强，而是有松阳人关于"仁慈"的许多说法来佐证的。

　　早年间，女儿出嫁前，做母亲的都会叮嘱女儿："你到某家，要'仁慈'些，无劳再由着自己的性（子）了。"这是母亲作为"过来人"如此教诲女儿的。而与之相反，一些未谙世事的闺密女友（松阳人叫"小闺伴儿"）持的又是另一番道理。她们大多对未来的生活多有期盼，都想着将来能做个好的"内当家"。所以，她们对将要做新娘的小姐妹又是另一番"赠言"："做人无劳太'仁慈'，太'仁慈'晚点要给人欺负的。"意思就是"别太忍让，不然以后会被（夫家）人欺负的"。而用得更多的是在劝架、调解的场合。如两兄弟或夫妻俩争吵，松阳人叫"相争儿"。此时常有长辈或朋友上前充当劝架的"和事佬"，总会对双方言道："自公婆（或者自哥弟）啦，有一个'仁慈'点就得了。"这里所说的"仁慈"显然就是忍让、退一步的意思。

　　关于"贱""贱达"，关于"慈""仁慈"，还可以说出许多松阳老百姓常挂在嘴边的"闲话"。余不赘，而留待读者诸君做闲聊的谈资。

"下""落"及其他

丙申年（2016）春节，是和儿子他们在海南三亚过的。

一日乘公交，见车门上方有一条提示标语："乘客朋友们，请勿要求在公交车站外上落车。"顿觉很有意思——海南话里"下车"也叫"落车"，和松阳话一样。

凭我并不丰富的旅行经历，印象中北方地区都说"上车、下车"；南方地区如杭州，口头表达会"下""落"兼用，但写成书面文字，则多是"下车"。而这书面表达也用"落车"二字，还真是第一次见。

（一）

这里，就松阳话里的"下""落"二字的用法，说点自己的心得。

《现代汉语词典》关于"下"的词条有百数十条之多，其中表示时间、方位、等级等内容的词语，松阳话也用"下"字，如"下个月""下级""楼下""我名下"等；另外，一些成语（俗语）如"甘拜下风""下不为例"等，必然读成"下"的松阳方言文读。而表示动作次数的"下"字，则读作"wo"，如"做一下"，就是"下"的松阳方言白读。其他许多在普通话里用到"下"字的词汇，松阳话都会用"落"字替代。例如本文开头说到过的"落车"，再如"下课"—"落课"、"下台"—"落台"、"下葬"—"落葬"、"下监牢"—"落监牢"、"下山"—"落山"、"下床"—"落床"。

关于"落山""落床"，有必要多说几句。

松阳话"落山"的含义有很多层。人从山上往下走即下山，松阳人叫"落山"；太阳西下也叫"日头落山"。蔬菜瓜果过了收获季，叫"落山"。如豇豆（黄瓜、茄子）等作物，一茬（松阳话叫"一水"或"一序"）过后不再结果，就叫"落山"了。板栗、油茶等木本作物采摘完毕，也叫"落山"。

松阳话中"落山"的最凄惨悲愤的用法，就是特指侵华日军窜犯松阳后离去。1942 年 8 月 2 日，松阳县城沦陷，侵华日军在松阳烧杀奸淫，无所不为。29 日，盘踞松阳的日军窜离而去。老辈松阳人把日本兵撤离松阳称为"日本人落山"。这是松阳人的奇耻大辱，松阳人会永远记住那近一个月不堪回首的劫难。

关于"落床"这个词，除了有"从床上下来"的意思，比如"生（这么）晚了，也有劳（可以）落床了"，这是大人催孩子起床，还有一层意思，指病人已病入膏肓，卧床不起。松阳话中"落床"一词用得更多的倒是这后一层意思，比如说"某人病十分凶险，都落床了"。指的就是某人重病缠身，已经卧床不起，甚至快不行了。或者"某人都落床好两个月了"，即某人已卧病不起有好几个月了，这里的"两"字并非实指两个月，而是虚数，泛指"好多""好几"。这是松阳话对"两"的特殊表述。

（二）

松阳话中类于"下""落"这类近义词的特殊用法，还可以举出一些。

如"看""望"。照《现代汉语词典》的注释，"看"指的是使视线接触人或物，"望"则是往远处看。松阳话中极少有用"看"字的，可以用"看"字的词（组）或句子几乎都以"望"字替代。例如"看你怎么办"，松阳话就说"望你咋好"；与人发生争执，请第三方评理，会说"你评评道理望"，而不会说"你评评道理看"；"去看病"说"去望病"。还可以举出许多——如"望法""望相""望重""想想望""寻寻望""试试望""咥咥望"。

"等"和"候"。松阳话中,除用到《现代汉语词典》中"等"字条目中的释义①,以及等号、等级、等同、等离子、等差(比)之类专门用语外,很少用"等"字。尤其是老辈松阳人,用到"等"字都会说成"候"。例如"等我(他、你)一下",都会说"候我(他、你)一下";"等不及了"松阳话就是"候不牢了";"候明朝再讲"就是"等明天再说"。松阳人不说"等车",只说"候车"。可是有意思得很,在书面语中,不只松阳,到处都是写的"候车室""候车大厅",而非"等车室""等车大厅"。可见松阳话"候"字的用法还是蛮书面蛮规范的。

"共""同"。这两个字中,松阳话除了一些外来的或书面用语会用到"同"字外,如"同位素""合同""同向而行""志同道合"等,一般情况下都说的是"共"字。例如"共桌"指的是"同桌","同伴"会说"共伴","同一个单位"就说是"共单位","共间"则指的是同寝室、同宿舍。"共床"一定不会说"同床",除非用到成语"同床异梦"。同住一座房子叫"共处(厝)";而街坊邻居则叫"共带街",即同住一条街(巷)。更有松阳味的是"共饭箩"一说,指的是同坐一张饭桌同吃一锅饭,也即指的是"一家人"了。

还有"共脚袳(穿)布裤"一说,即"同穿一条裤子"。它的意思类于成语狼狈为奸、沆瀣一气,多指两个人相互勾结,一道干坏事。例如某人和一个品行极差的人走得很近且渐渐变坏,别人会议论道:"两个人'共脚袳(穿)布裤',无人讲得听咯。""袳",松阳俗字,穿的意思,普通话发音"duo",松阳话读作"dai"。其实,在松阳方言里这种音变的例子还是很多的,也是有一些规律可循的,先贤叶梦麟老先生的《松阳方言考》中就有记述。

　　"光""亮"。光、亮这两个字，松阳人讲话总多用"光"字。例如"天光了"就是说"天亮了"，"电灯很亮"会说"电灯很光"。"月亮"叫"月光"，松阳民谣中说到"月亮"都会用"月光"一词，如"月光光、疏朗朗"，意思是丑末寅初，月色清朗。某人穿戴讲究，皮鞋总是擦得锃亮，松阳人就会说"厄个人象真十分修齐，皮鞋擦得焗光"。

　　最有意思的当数"园""藏"两个字。"园"，《现代汉语词典》释为"藏"。松阳方言也多用"园"，只是"ang"韵改为"ong"韵。比如，"这个东西要园好"说的就是"这个东西要藏好"。"园"字除了"藏"的意思外，松阳话中还有"放置"的意思。所以上面那句话就还有"这个东西要放好"的意思。例如"书包园桌上""报纸便园这答""衣裳园橱里"等。老辈松阳人常用的口语中有"园藏"一词。这个词有两个层面的意思。其一，有内敛、藏掖、不显露的意思。比如某人性格内向、少言寡语，别人会说："这人园藏伭的。"某人处事低调或者是不露富或不显摆手艺绝活，别人会说："他是十分园藏的。"其二，有将贵重东西藏匿起来，不让外人知晓的意思。某件有价值的物品先已收藏起来，到要取出时，却一时又难以找到，此时家人就会说"园藏的样"。松阳有句俗话叫："一人园藏，千人难寻。"就是这个意思。这里"藏"字的读音和前面的不同，要发阴平音，读"song"。

　　松阳话中这类同义或近义字的特殊用法，还可以举出不少来。例如"脸"和"面"、"干"和"燥"、"寻"和"找"、"停"和"歇"等，真是多了去了。从中你一定能体会到使用松阳话的种种乐趣。

"东"与"西"

　　汉语里有许多"东""西"两个字组成的词语（成语），如"东张西望""声东击西"等。稍微理一理，发现松阳话里也有不少含"东""西"这两个字的俗语，而且还很生动，很有地方特点。

　　"东山西坞"，这是表示地名或方位的词语。松阳县域中部松古盆地，四周群山环抱，有山有坞是当然的。但这个词并非特指"东山"或是"西坞"，它的指代较为宽泛，相当于普通话"到处"的意思。大而言之，指户外较大范围。如某人家走失了家禽或家畜，到处寻找也没找到，他会说："东山西坞寻交，总归寻勿倒。"意思是：该去的地方都去了，就是找不到。松阳话的"交"，是普通话里"遍"的意思。松阳方言少有用到"找"这个字的，除了"找补""找钞票"外，一般都用"寻"字，"寻""找"同义，而"寻"字恐更书面更古老。小而言之，室内小范围也可以用这个"东山西坞"。家中娃娃顽皮，常会把玩具或什么小物件四处乱丢，奶奶（外婆）看见就会嗔怪孩子："无劳咯，东山西坞都施起，搞的时节又寻不到了。"这里的"东山西坞"不过就是指的屋里到处。"施"，松阳话有无序乱堆放的意思；松阳话"无劳"则是不可以或不行的意思；"搞"即玩。整个句子意思就是：玩具到处乱丢是不行的，等你要玩的时候就找不到了。

　　"缠东绷西"，和它差不多意思的还有"指东画西""东不搭西"。这话就相当于普通话的"瞎掰""胡扯"的意思，更时尚的说法就是"很八卦"。字面上直译起来就是：把绳索（麻线）缠到东边，然后绕过去，又绷（或绑）到西边。意译起来就是把许多八竿子打不着的事（或人），都给缠捏在一起。一般用来批评一些平常喜欢嚼舌头的人，他（她）们闲来无事，就张长李短，把别人家某件不太好的事或加油添醋或掐头去尾，给演绎得挺是那么回事。对于这种人，明事理有教养的人给出的最普遍的评价就是："他（她）便是喜欢缠东绷西，讲的话无劳听。"

女人主内，难免"指东画西"

（王芬天　绘）

对于这种"嚼舌头"的人，用一句更严肃的松阳话评价就是"无章倒纪"。松阳话"无章倒纪"的意思可深刻了。"章"，章法、规章也；"纪"，纲纪、法纪也。没了章法，倒了纲纪，可不得了，自然是天大的不是了。

"东打西痛"这个词和普通话"声东击西"有点类似，却不尽相同。"东打西痛"有点故作姿态的意思。还得举例来说明。早年间不少人家子女多，母亲在家要处理不少家务事，很是忙得不可开交。此时若是有孩子瞎闹腾闯出了点小祸，妈妈就会责怪甚或责打惹事的孩子；在一旁的小弟（或小妹）也会被吓得哭将起来，当妈的就会再来一句:"吵死鬼,又勿曾打你,东打西痛。你便是作吵喂。"

(二)

关于"东"和"西",更有意思的一句松阳话可真是逗人啦。

"喊你饲猪你便要饲鸡,喊你往东你便要往西。""饲"在松阳话中是"喂养"的意思,"饲猪"即"喂猪","饲鸡"即"喂鸡"。《三字经》中有"马牛羊,鸡犬豕,此六畜,人所饲"句,松阳话还真是斯文也。许多古人的书面语,松阳人张口就来,就如这"饲"。

这俗语大致有下列两种用法。其一,多用来训斥孩子不听大人安排,自行其是,例如:父母让孩子去干点什么家务,孩子不从,大人就会吼道:"你个畚箕挈(普通话'死鬼'的意思)太不听讲啦,'喊你往东便要往西,喊你饲猪你便要饲鸡'。"其二,调侃某人,妻子极为强势,丈夫唯妻子之命是从。丈夫稍有不如妻子的意,则必遭此训斥:"你个老不死的,'喊你往东你便要往西,喊你饲猪你便要饲鸡',快走边些(即'赶紧一边去')。"用现代话来说,此类人就是典型的"妻管严"。

当然,这句俗语要是把"便要"一词换成"无敢",则意思又截然不同了。"喊他饲猪他无敢饲鸡,喊他往东他无敢往西。"用于孩子头上,则是家长在夸耀,自家的孩子恭顺懂事。其实,这却正是当代年轻的父母们最为不认同的观

"跪键盘",不过是电视剧里的台词而已

念。如今评价好孩子的标准，已远不是早先那种只知盲从应承的"小绵羊"式的驯服标准。现代社会鼓励孩子们独立思考，长大后成为有独立人格的现代社会的公民。

更有趣的是另一番场景。像许多反映都市生活的轻喜剧中表演的那样，几个闺密在一起总要互相吹嘘自己如何治得丈夫百依百顺。妻们都会把它当成炫酷的资本："我们家那口，嘿嘿！本宫（她们都以'后宫娘娘'自居）让他饲猪他绝不敢饲鸡，让他往东他绝不敢往西。"（松阳话的台词，哈哈！）

这让我记起一出京剧折子戏《河东狮吼》，讲的是宋代大学士苏东坡倜傥风流的故事。他的一位朋友陈季常，夫人强悍泼辣，而季常则是出了名的惧内，用现代话说就是十分怕老婆——十足的"妻管严"。每有因为违忤妻子的意思，或和苏学士一道在外风流回来迟了，陈季常就要遭妻子责罚，甚至跪搓衣板。

当然，现在的许多年轻人在开玩笑时，也会笑话某人在妻子面前罚跪，不过年轻人说的是"回家要跪键盘了"。时代进步了，用上洗衣机后搓衣板淘汰了；而电脑键盘那些小按键，凹凸不平，往上一跪，想必效果也同搓衣板差不了多少。只可惜，时代又进步了，已是21世纪，如今男男女女用的都是iPad或是笔记本电脑，电脑键盘又成了"过去时"，却不知道又会蹦出来什么"东东"来替代电脑键盘，让小丈夫跪个开心。

"半斤对八两"的松阳地方版

旧制市秤定十六两为一斤，半斤即是八两，八两也即半斤。"半斤对八两"一说，是不辨多寡、无分高下的意思。松阳话和普通话都有这个说法。那意思是两人尽管互不相让，却水平相当，此时旁人就会在边上做些和解：算了，两人差不多，不过半斤对八两。

与之意思相似的，松阳话还有比喻更生动更形象的词，权当是"半斤对八两"的松阳地方版吧。

"纸里高张箬（或'比纸高张箬'）。"纸片、箬叶，都是菲薄之物，单以一张纸、一片箬叶而言，实在是很难分出厚薄、高低。儿时，会有与妹妹拌嘴的时候，你来我往有过几个回合，母亲就会在一旁阻遏道："得啦，别再吵了。你也不见得比妹妹纸里高张箬。"于是，尽管心里老大不服气，唇枪舌剑却是戛然而止了。此类情景，一些多子女家庭出身的中老年人恐多有经历。

再有一说，也很有意思，就是"落苏教茄"。

"落苏"松阳读作"落司"，松阳话"suo"音多发成"se"音。七八十岁的老人念"苏联"两字，都会读成"se lian"，类同"se联"；"苏州美女"则读作"se州美女"。又如"紫苏"读作"紫se"。

落苏即茄子，简称之为"茄"，前者为俗称，后者当是学名吧。这是同一种蔬菜的两种不同叫法。例如土豆—洋芋—马铃薯、西红柿—洋柿等。可以举出很多例子，何以唯有"落苏教茄"会成为一个松阳俗语呢？

松阳话"落苏"发音和"老师"相近，是故"落苏"—"老师"—"茄"可以产生谐音之趣了。

"落苏教茄"多用于嘲讽一些好为人师的肤浅之人。这类人学识技艺都不见得比他人高出多少，却硬要假充全能全知，硬要装腔作势，而且事事处处要教训别人。遇到这类人，一些知情者就会背里甚或当面直言："他（你）自猜到几哇，落苏教茄。"松阳话"自"—"自己"、"猜到"—"知道"、"几"—"多少"。意思就是："他（你）自己知道多少哇，还在这假充内行教别人"。不过更多使用这一俗语的场合，是在朋友、熟人间，它多是一种戏谑、玩笑而已。

松阳话中如"落苏教茄"，以老师（师傅）为比喻对象的，还有"无筛（师）勿断谷"。"筛"，师也。这话的意思有点绝对化——妄想自学成才无师自通，是不可能的。

而要说清楚这句松阳土话，还真得费点口舌。

水碓里的石舂臼和石碓头

早年间，有机械碾米之前，都用水碓或踏碓舂米，这个碾米过程不可能一次完成，得有多次夯舂筛选。倘不过筛选，任由长时间在石臼内碓舂，会导致米粒破碎，而稻谷却还留存。每次夯舂后需将谷米过筛一遍。米筛的孔眼刚好容米粒落下，谷粒和饱满完整的米粒留在筛眼上。然后，将米筛上的谷米倒入石臼再次夯舂，再次筛选。如此一而再，再而三，经三次筛选。再将碾出的大米经风车扬去米糠，就是成品大米了。这就是所谓"无筛不断谷"。此时，留在筛眼上的仍掺有少许谷粒的大米，就是松阳话所谓的"夯头米"。米粒完整饱满，色泽晶莹透亮，称得上是"高端"了，只是数量不多，一二百斤稻谷碓碾后，也就三五斤夯头米而已。而这一二百斤稻谷在碓米过程中，有好多次过风车（松阳人叫"风柜"）过石臼的上下翻倒，有上几十次过筛，很耗体力又很要技术，所以一般都是男人去水碓，而且还是当家理事的当家男人。能上水碓去完成碓米全过程的，在松阳是当家男人的标配之一。

言归正传。过去松阳农村有些聪明人心灵手巧、无师自通，会做些木工、泥工的活，比方自己做张木椅子，自己砌个小炉子。可是做成的椅子总也放不平整，砌的炉子火苗多往炉门外窜。这时，家里长辈或是家长就会说上一句："厄缠了。无筛不断谷，自（己）做勿好的，恳老司算了。"翻成普通话就是说："别瞎折腾了，没有投师学艺，自己做不好的，还是请师傅吧。""恳"即"请"，松阳人张口就来的礼貌用字。

"无筛（师）勿断谷"——不拜师学艺，是难以掌握精湛技艺的。

这篇小文，就权当是浅陋如我者的"落苏教茄"之举了。

"二八乱穿衣"还有下句

许多人都听说过"二八乱穿衣"这句俗话。这话非常生活非常实用。意思是农历二月和八月即春秋两季之初始，因为天气常有忽冷忽热的变化，所以往往昨天还穿单衣，今天天气骤冷又得披上夹衣，甚至一些老弱者还会穿上棉袄。新疆地区不是有"早穿皮袄午穿纱，围着火炉吃西瓜"的俗语吗？两种说法，一个意思。

"二八乱穿衣"这话还有后半句，可能听说过的不太多，那叫"种田无六月"。

不是有谚云"一序（苦）谷一序麦，头发帮你慌白"吗？种田人春耕、夏锄、秋收、冬藏，成年累月，没完没了地忙。三伏天虽有歇伏一说，然勤耕作做的（松阳土话指十分勤快的人）即便三伏天也闲不下来。排水搁田，准备播种马料豆；收拾秋收所用的各种农具，以备收割稻谷；种有烟叶的要采摘、晾晒；为秋种作物如玉米、荞麦之类准备肥料；等等。不止长工佃户歇不下来，就是世代务农的自耕农，也并无那种摇着扇子喝着茶，享受歇伏的清闲。

"歇伏"，即三伏天歇息不干活。其实这是有职业区别的。比如塾馆的教书先生，土话说："三百日长年二百六书。"除了歇伏（即暑假）外，还有"年假"即寒假之类，一年下来也就二百多天上课。再比如打铁铺的铁匠，三伏天就要把炉火熄灭，过完伏天再开炉。而"长年"即长工，则一年到头要干上三百来天活，才能拿到工钿。

上述是对这句俗语最浅显的字面上的理解。而还有因之衍出的一则小故事，就有点搞笑了。

早年间，松阳人口头流传的民间故事，多以财主老倌或者智障残障人士为故事主人公。比如许多松阳民间故事都以"早年间，某地有个'脱壳'（或财主老 倌）……"开头。而故事所称"脱壳"是地道松阳土话，即弱智者，普通话说就是"傻瓜"。把智障人士当作取乐对象，实在不厚道。不过如今说这类故事的人少了，更重要的是孩子们的课余文化生活十分丰富，有关"脱壳"之类的故事根本引不起他们的兴趣了。

题外话多了，言归正传，接着说故事。

又是早年间，某财主家雇有一长工，憨厚忠实，风里雨里，背脊朝天做了一年。到年底要回家，东家给他支付工钿时说："照年初讲好的每个月若干铜钿，这是一年的工钿。"这长工拿到铜钿一数。只有十一个月的工钿，于是他小声问东家道："老爷，咋只有十一个月的工钿咯？"那财主道："年初不是说好，在我家里干活是着力（累）的，古老言讲'种田无六月'。你讲知道的，吃得消。这少的就是那六月的工钿。"长工一时语塞。他怎么也没想到，东家所说"种田无六月"，竟然是不给六月的工钿。算完工钿，财主又问来年还干不干给个话。那长工说回家与老婆商量后回话。这类忠厚人，松阳话叫"老实锄头"，也就是那种所谓老婆"喊他往东不敢往西，喊他饲猪不敢饲鸡"的好男人。

那长工满脸忧虑回到家中，妻子见状，问何以闷闷不乐，丈夫如此这般一番怨愤之言。这妻子生性泼辣且聪明慧巧，她灵机一动，言道："明年仍去他家，告诉东家，我也去财主家帮佣。"

第二天，这长工来到财主家，答应明年还来，还问可否让妻子也来帮佣。财主一听满口答应，心忖真是碰到"脱壳"了。

来年年初，这长工夫妻双双来到财主家，开始了长工和帮佣的生活。

转眼到了农历八月。又赶上了秋后的高温天气，所谓"木樨景"

（蒸），天气晴热。那帮佣女人把财主家换季的衣物摊在场院（松阳人叫大门坛）晾晒。傍晚，太阳西下，只见她不紧不慢将晾晒的衣服一件一件往身上穿，什么纺绸衫、丝棉袄、羊皮袍，穿得又鼓又圆，头也不回就往外走去。财主见状忙上前喝止。那女人一边走一边回话道："不是说'二八乱穿衣'吗？正是八月间，你的衣服我穿去不是一样吗？"此时财主才明白是怎么回事，连忙赔笑脸道："你别当真，去年那是跟你老公讲讲笑，他当认真了。你把衣服脱下，去年的工钿一个不少算给你。求你啦！"

故事的结局，自然是"穷苦的劳动人民，靠智慧斗垮了剥削成性的地主"，皆大欢喜的。

攀 针 股

某日，一位学生说起一件趣事。一次朋友聚会，大多是松阳人，内中有一位不大熟悉，问及是哪里人氏，那人答道也是松阳人。我那学生不信，那位朋友说如若不信，讲几

当年，每到夏秋季，我外婆、我妈也都专注于捻苎纱、索鞋底绳和绱鞋线

句松阳话大家听听。于是，他一口气说了好多句松阳话和松阳方言词汇，在座的朋友遂都信了他是松阳人。其中有一个松阳方言词汇"攀针股"（按松阳话读音，记作"攀针股"，或者记成"扳针股""绷紧股"也无不可）。这话倒难住了我那学生，于是他问我那是什么意思。

这"攀针股"确实是一个非常生僻的松阳方言词汇，至少对四十岁以下的年轻人而言。

这是一个与针线活有关的词，如今已很少有女人尤其是年轻主妇会做针线活了。早年间对女人最好的评价就是会做一手熟练的针线活，斯文的说法叫"工女红"。在以前，对于女人而言，"工女红"是置于"习诗文"之上的。

机器纺织及纺织品在中国城乡普及以前，棉纱、苎纱都是手工

捻搓而成。粗细一般的两股棉纱或苎纱分别或搓或捻，然后将两股搓紧的棉（苎）纱拧成一股线（或绳），搓捻中要求用力均匀，两股纱捻转次数一致，这样搓捻出来的棉线或麻线才能粗细均匀、松紧适度。如果稍不留神，两股纱粗细、松紧不一，那么那一小段棉线就会出现一股扭曲一股松弛，这一股紧一股松的那一小段就叫"攀针股"。

还有另一种说法。早年间，人们生活崇尚节俭，用松阳话说就叫"做人家佄"，写成书面语就是"勤俭持家"吧。以衣物为例，当年流行的说法是"新三年，旧三年，缝缝补补又三年"。一般家庭都有好几个孩子，衣服鞋袜一概如此，老大穿过太小了，老二穿；老二穿破了，补一补老三穿。在为大孩子做新衣时，当妈的就会有意识地让裁缝师傅做大一些，过几年老二长大了还能穿上。

做母亲的，缝补浆洗就是每天必做的家务活。不少主妇是心灵手巧，补好的衣服是补丁平整，针脚匀密。孩子穿上这样的衣服出去，也会有人夸赞"你妈真能干，这衣裳补起又服帖又平整"。孩子也会觉得很有面子。当然，也有心粗手拙不擅针线活的，补的衣服补丁毛糙不平，针脚忽紧忽松。那么，这种忽紧忽松的针脚也叫"攀针股"。

松阳话里还有将"攀针股"引为骂人的话，当然这多半是俏皮戏谑。例如，大人有时会让孩子干点什么简单的家务，而孩子因为不情愿或是不专心，一次两次都勿曾做好，此时，做母亲的就会嗔责道："你个攀针股，这点事干也做不好。"就如最常听到的"你个脱壳"一样，是长辈对下辈一种带点戏谑的嗔责。

当然，除了写成"攀针股"以外，写成"扳针股"或者"绷紧股"之类，我想大概也无不可。

死蛙蟆与面鸡娘

所谓"死蛙蟆""面鸡娘",都是松阳人常吃的面类点心,前者是油炸的,后者则是水煮的。

上述两种点心的叫法,早已是约定俗成的了。这里姑且对这两个词的词义再做些辨析。

"蛙蟆"即蛤蟆或叫青蛙。松阳人在浓春三月或春夏之交,会将已旺长的青葱连根拔了,将葱白剪下二寸多长,去皮洗净,一般都两根连成"V"字形,然后蘸上面粉调成的稠糊,放入油锅内,炸成外层面糊酥黄、里面葱白香脆。一口咬去,鲜香四溢。因为两条葱白状同青蛙的两条后腿,故名。推而广之,松阳人将用菊花菜(即所谓蒿菜)、荠菜之类以上述方法炸制的小吃统称为"死蛙蟆"。

这是一种约定俗成的叫法。其实细究起来,更为确切的则应称之为"素蛙蟆",类同于"素鸡""素鹅"之类。

松阳话"素"字的发音同"思"。"师""丝""司""自""死"等等皆同音,惟调值有所不同。除"素蛙蟆"之外,类似的还有很多,例如"落苏"读作"落 sè","斋素"读作"斋 sé","麻酥糖"读作"麻 sě 糖","雕塑"读作"雕 sè","桃酥"读作"桃 sé",等等。

由此可知,"死蛙蟆"之本义即"素(sè)蛙蟆"。

"面鸡娘"即面疙瘩,一般的理解都认为是因了面疙瘩不规则的形状,与炖熟的大块母鸡肉十分相似,故名。松阳人将母鸡叫作"鸡娘"。

一次和一位老同学闲聊,他长我三岁,而且他的工作多有下乡的机会，能接触到更多松阳地方民间文化。聊着聊着，聊到了"面鸡娘"。

我那同学言道，一般松阳人都认为因为"面鸡娘"是用面糊煮成，且形状有些像鸡肉块，所以称之为"面鸡娘"。实则非也，乃由早年间妇女的一项手工演变而来的。

捻棉线也是那一辈女人的基本功

在有机制棉布前，我们的老祖宗都是抓（捻）棉线或纺棉纱，然后拿棉线或棉纱织成棉布的（当然还有用苎麻或蚕丝或羊毛纺织的）。我儿时也见到过抓棉线和纺棉纱。稍有空闲，母亲就会拿起线坠儿抓起棉线来。线坠儿制作简单，一块直径二寸的圆木块，中间钻一小孔，插入一根筷子般粗细的竹签，顶上切一小缺口，即成。讲究点的则圆木块上雕有花纹，再漆上红漆，有些喜庆意思。一般女儿出嫁的陪嫁都有此"线坠儿"。

捻线时，左手捏一团略经整理成长条状的棉团，拉出一股棉线系在线坠儿的木签上。右手将线坠儿快速捻转，棉线坠就匀速旋转起来。随着线坠儿的转动，手指轻轻地将棉花团抻出一小段棉花条，随着线坠儿的旋转，缓缓地拉出了又细又匀的棉线，然后将捻出的棉线均匀地从线坠儿的底部快速往上绕，绕成了一个圆锥状的线团。当手上的棉团剩下大约有两个医用棉花球大小时，也就是一般的面疙瘩那么点大，就要取出预先准备好的棉花团，续接在剩下的那一小朵棉花上，然后接着捻转。此时，剩下那一小朵的棉花就叫"棉支娘"。倒也真是，那小团棉花还蛮像煮熟的面疙瘩——即松阳人所称"面鸡娘"。

20 世纪 50 年代，我家有一户邻居是温州文成人，女主人会织布，有手摇纺车、木质织布机，小时候常看她纺纱织布，用手摇纺车纺线就比手工用线坠儿捻线要快许多。而最后留着的那一小团棉花，与用线坠儿捻线一样，拿它接续新添的棉花团。那一小团棉花就是"棉支娘"。

"面鸡娘"——"绵支娘"

话说回来，"死蛙蟆""面鸡娘"早已在松阳人的认知中约定俗成，无须做什么改动。我也并非松阳方言专家，实在不具备"正字"的功夫，此千字小文不过是本人对这两种小吃名称另一种说法的认同罢了——"素蛙蟆""棉支娘"。

"三日照"与"退孵卵"

一天，看到电视里介绍创新创业能人，说到义乌有位创业者，将"孵退蛋"加工成开袋即食的方便食品的创业经历。

心有灵犀。一看到"孵退蛋"三个字，我旋即想到松阳话中的"退孵卵"。所指都是孵化过程中出于某些原因，例如存放时间过长或者是并非受精卵等，最终不能孵出雏鸡（鸭）的鸡（鸭）蛋，孵坊师傅或是农家主妇会将其从孵箱或是母鸡(鸭)的卵翼下取出，即退出孵化。这个筛选甄别的程序在整个孵化过程中要进行几次。过了半个月再退出孵化的蛋，打开蛋壳可以看到已成雏形的小鸡（鸭）。松阳民间认为这种"退孵卵"（蛋）营养价值高，吃了对身体有滋补作用，可见义乌、松阳都有此俗。其实不独处（丽水）婺（金华）一带，流行咥退孵卵的习俗。据说绍兴一带也是如此，当地人竟有用此类"退孵卵"招待稀客贵宾的。此俗延续至今。

松阳人认为这种蛋不能让孩子吃，恐是因为孵化的过程中，鸡蛋的营养成分会发生一些变化，例如产生什么激素之类吧。既然儿童不宜食用却又是一个好东西，总要有个理由让孩子相信，于是老辈松阳人会编出故事，说是早年间有某人吃了这种卵，读书退步，功名无着了。十分明显，这里借了"退孵"之音，谐为"退步"。例如"咋咯，成绩又退步，你咥退孵卵啦"。意思是你吃了"退孵卵"而至读书退步了。松阳人还会将这"退孵卵"再作引申，例如家长们会对一些学习不用功而致学业退步的学童，戏嗔之为"退步孵"。如"你个退步孵啊，咋读书格，成绩越来越差了，不及格都考出来了"。

松阳话中还有个词和"退孵卵"有十分密切的关联，那就是"三日照"，用来隐喻某些办事不能持久，往往无果而终的人。某人办事不靠谱，时常半途而废，就会遭到别人指责："那个人便是'三照日'"或者："你咋生格哇，做点道路便是'三日照'，无事干做得成格。"翻成普通话，就是："你怎么搞的嘛，干什么事都是'三日照'，没一件事情能干成的。"

小时候，听到"三日照"这个词，只是含含糊糊有点懂它的意思，想当然地认为是指冬天水结冰，不过二三天就会融化了。松阳话中，"冰"读音同"照"字，也有写"潲"或"潐"代之。

后来听老辈人说起才知道其实不然，"三日照"乃孵化鸡鸭的过程中，鉴定（甄别）孵蛋是否有效（即是否为受精卵）的一种最原始的方法。

早年间，松阳少有孵坊，市场上售卖的小鸡小鸭多为龙游、义乌一带商贩挑来松阳出卖的。这种小鸡松阳人称之为"砻糠鸡"，即这是孵坊用砻糠加温捂着孵出来的；而自己家里母鸡孵的小鸡叫"主顾鸡"。

农家主妇每年等到家养的母鸡进入孵卵期，就将平日攒下的鸡蛋放入鸡窝，让老母鸡坐窝孵蛋。平日里攒的鸡蛋难免有不新鲜或未曾受精的，这类蛋是绝对孵不出小鸡的。于是主妇们会在白天强日照下或在天黑掌灯时，把已经放入孵鸡窝三五天的蛋拿出来，一只手两指捏着鸡蛋两端，一只手遮在鸡蛋上对着强光，透过蛋壳看里面的蛋清（蛋白），是否变得有黑影或者已有雏鸡的模糊的影子；倘若整个鸡蛋依然是透亮清明的，就要取出来不再继续孵化。这种拿孵蛋在日光或灯光下照看以辨认好坏的方式，就叫"三日照"。因为最早能甄别的时间，也要在鸡蛋放入母鸡羽翼下三日之后，故名"三日照"。

"三日照"，那可是十分了得的功夫了　（王芬天　绘）

当然，这"三日照"是技术含量相当高的活，真正"三日"就能分辨出好坏的，只有经验丰富的孵坊师傅才能办到，一般主妇们总得在鸡抱窝七天左右才能分辨。

可见松阳话里"三日照"和"退孵卵"是意思密切相关的一组词语。"你个'三日照'。""你个'退孵卵'。"都是老辈松阳人常用的口头语，当然都是用来批评孩子（学童）的。

千年打一更

先说句题外话。

本人曾不止一次说过，自忖年岁不大，学识不深，对松阳传统文化知之无多，实指望能得长者的训诲和智者的点拨。此话绝非谦辞，更不是客套。

这"千年打一更"，就是我得到的众多指正之一。

某日，几个朋友一起聊天，聊着聊着，聊到"松阳话"这个话题上来了。其中两位有好长时间没来我家了，真是"千年打一更"。随后我又自语道："'千年打一界。'难道这句松阳话还有什么佛教方面的意思在里面，不然怎么会用上'界'字呢？"在座还有一位朋友，长我七岁，我们一帮人都非常敬重他，大家都称他为"老大哥"。这时老大哥接过了话题道："这句话并非'千年打一界'，是'千年打一更'，就是打更的更。旧时夜晚打更计时，按定制，一个时辰打一更。如果是出于某种原因，更夫忘了打某个时辰的更点，甚至连着几个时辰未曾打更，就如时钟停摆。这'千年打一更'就是用以比喻时隔已久。"听罢老大哥的诠释，我茅塞顿开。

中国古代以地支计时，分别为子、丑、寅、卯、辰、巳、午、未、申、酉、戌、亥。一个时辰即相当于如今两小时，如子时即现代的二十三时至次日一时，午时即十一时至十三时。

早年间，县城四门都会有更夫，每晚戌时（即晚上七时至九时）开始打"头更"，也称"一更"，亥、子、丑、寅每个时辰依次为二、三、四、五更。四门更夫各自沿主要街道巡夜打更，报时以外兼有防火防盗的职责。更夫手执梆子和铜锣，先击打梆子发出"咯、咯、咯"

这更夫还好没睡着（王芬天　绘）

三响，紧随着敲击铜锣发出"当"一响，这是一更的报时信号。二更时分则梆子声响依旧是"咯、咯、咯"，铜锣为"当、当"两响，则是报的二更。所谓"半夜三更"就是深夜二十三时到次日一时，此时的铜锣声是"当、当、当"三响。依此类推，至寅时五更，天将黎明。难怪缙云土话称吃早饭为"哐五更"。挺有意思，松阳话就叫"哐天光"，五时到七时间，天亮了，松阳人叫"天光"了。

曾记得家父让我猜过一个字谜。谜面为："昨日东门失火，幸得内中有人；若无子女相救，酉时烧到三更。"我先猜出"内中有人"为"肉"字，"子女相救"中两字合为"好"字，"酉时三更"合为"酒"字，但第一个字怎么也猜不出。后来老爸启发用繁体字去想，于是灵机一动，"東""門""火"不正组成繁体字的"爛"字吗？

直到20世纪40年代末，县城四门还有更夫打更。本人不敢称"老"，儿时却还是听过那"咯、咯、咯，当——"的更声，在小县城的夜空清晰传响。邻居一位老叔曾告诉我，民国三十年前后，县城四门都还有更夫，他们分别是：北门王夏宗、南门潘南、东门冬瓜儿（诨名）、西门余四弟。当年打更的更夫无固定收入，由各门大户或财主酌情给付谷米或钱两，家境自然贫困。更夫还兼"保正"，即更夫除了敲更报时外，还有巡夜防火防盗的职能。"保"是当年社会的一种行政区划单位，类似于如今的居民委员会或者社区；"保正"是协助政府管理地方治安的人员。用现代的话来讲，就是"群众自治组织的管理人员"，说白了就是"协管"一类人员。尽管名义上是"管理人员"，但是因为家境贫寒，地位低微，他们实质上也就纯服务性的更夫而已，并无多大权势。松阳话里有句俗语叫"穷人当保正，讲话无人听"，就是这个意思。翻成普通话就是所谓"位卑言微"吧。

松阳话里，和"千年打一更"意思相近，也表示"难得碰上"的此类俗语还可以举出许多来。

碰巧在朋友家吃饭，赶上有大鱼大肉，客人就会开心言道："囖囖，今天是'和尚撞着荤'了。"称赞主人饭菜丰盛。和尚吃斋饭，是素食，寺院里或素菜馆里的素鸡、素鹅、素肠、素火腿等等都用豆制品烹调而成，味道也真的很好。此处的"撞"字，表示是偶然的随意的，既然"撞着"了，那也就任之了，戒律也就先置一边了。其实这话还真不错，一切随缘，才是真正的参悟，这已是相当高的境界了。济公活佛不就是经典的例证吗？

同样是"撞着"，还有"烂脚碰着破缸爿"一说。那可只得自认倒霉了。破陶缸的残片，是既坚硬又糙钝，烂脚的疮口碰上它，还不得疼死吗？这回可就绝不是"大口吃肉大碗喝酒"那样的幸运了，而是"屋漏偏逢连夜雨"式的倒霉了。可以肯定，这种机会或者说可能，也是难得一遇的，也有"千年打一更"的意思在里面了。

与"千年打一更"对应的还有"万年撑一渡"之说。嘿嘿！渡工在溪边大树下睡着了。

三百日长年二百日书

"三百日长年二百日书"是一句流传了很久的松阳古老言。

"长年"即普通话所称"长工",就是长年为一个东家干活种地的贫苦农民,松阳话叫"帮人隁长年"。长年一年里除去春节、清明、端午、中秋之类的主要传统节日,每月经东家应允,还可有一两次进城"过行",即"赶集"的机会。这样算起来,一年干活的天数大约在三百日,包括田间农活、室内杂务。

而"二百日书",则是指的私塾先生教书授业的日数。对于私塾来说,除了上述那些传统节日之外,还有"歇伏"一说。即三伏天私塾蒙馆也停课,那自然是为了学童的健康而为。歇伏的时间在三十至四十日。这样算起来,私塾蒙馆的教书先生一年的工作时间大约在二百日。农历六月酷暑,田里农活尚多,所以农户们无分自耕农还是长年包括打零工(短工),自然是不可能享受到歇伏这个最大的"福利"的了。所谓"种田无六月"是也。

早些年听家父说起这句古老话,我就寻思这"三百日长年二百日书"的规制,正合了现代社会工作制度。

"西学东渐"是从清末光绪年间肇始的。尽管是慢慢吞吞,到了民国初年,中国社会形态也算是进入了近现代。许多西洋的玩意,包括政治、经济、文化、教育等诸多方面的理念及构架,由一些思想先行者引入原来故步自封的"泱泱大中华"。那年头,衙署机关的官员、公司行号的职员,一年的工作时间除去春节元旦和若干重要的传统节日,再除去五十多个星期日,有三百来天。这"西方舶来"的,却意外地合了"三百日长年"的传统中国规制。

也就是清末庚子以后吧，清政府诏令"废科举，兴学校"。各地许多有识之士纷纷去往日本考察学务，回国后热心兴办新式学堂，新式学堂的学制也仿同日本。松阳界首刘德怀老前辈，也算得上是"有识之士"。清光绪二十九年（1903）东渡日本，入明治大学学习教育学，回国后以私宅充作校舍，兴办松阳县第一座现代意义的学校——松阳震东女子两等小学堂。而现代学校就有寒假，即中国传统

区里，"松阳震东女子两等小学堂"的旧址还在，已有120年了

的年假，也有暑假，即民间传统所称"歇伏"。一年两个学期，每个学期各一百天左右。不正合了"二百日书"的旧制吗？

这"三百日长年二百日书"一说，让我明白了什么叫"循旧制"。现代社会各机关单位的工作时间、各级学校的上课时间，正合了松阳古老话所言"三百日长年二百日书"。用句时髦话，就是"与国际接轨"，松阳竟然也早已有之——"三百日长年二百日年"即是一例。

松阳话还有"好汉不赚六月钿"一说。一些从事重体力劳动的，

会避开农历六月酷暑，稍事休息些时日，待秋凉后再干。20 世纪 60 年代，我在一个乡村小学当老师，学校边上一间空屋，有一名老铁匠常年租用。平日里打铁铺里叮当声不断，学校放假了，他们也熄火关炉，老师傅说"歇伏了"。掌锤的老师傅是一位胖乎乎的老头，慈眉善目，总是满脸堆笑，整天赤膊袒胸，摇着大蒲扇，村里到处闲聊搭讪，悠闲歇伏。抡大锤的是老铁匠的侄儿，也一大块头。他特能聊，坐在社亭，大嘴巴不停地叭着旱烟，天南地北，可以毫不费力地聊上半天。

"中界象"及其他

中正平和，循规蹈矩，自谦自勉，是绝大多数中国人一般的处事准则。松阳人同样也很讲究这一点，也因此，松阳土话中也有不少此类话语。

先看"中界象"这个词。佛家把宇宙世界分为上、中、下"三界"。上界为仙界，为国为民、积德行善、造福人类、普助众生者，身后可升入"上界"，类似于信耶稣的所说之"天堂"吧。"下界"则指地狱，伤天害理、误国害民、祸害众生者，死了则入"下界"，即下地狱，也就是鬼魅待的地方。那么"中界"则指的是人间了。以我的理解，松阳话"中界象"的意思就是说"总得有个人样"。用最时尚的话说，人最起码应该遵循公民道德规范。这话多用于与人口角时，如某人干了有损他人的事或者说是侵害了公众的权益，受害者就会愤愤言道："你这人也忒无相了喂。做人中界像是要的，无劳这套做法咯。"松阳话"界"读音类于"gá"音，"象"读若"jiàng"，类于松阳话"上"的白读。

再说说"大总纲"这个词。一看就给人一种十分"冠冕"、十分"时尚"的感觉。"总纲"指的是重要的部分，它有许多引申的政治层面的含义。除去这些，松阳话常说"做人大总纲是要有的"，意思是说为人处事要遵循一些基本的准则。例如曾经提倡的公民基本道德规范和最近提出的社会主义核心价值观，更有千百年代代传颂的中华民族传统美德之集大成者，还有如"孝悌忠信""温良恭俭让""仁义礼智信"等等，都是每个规矩人必须做到的。

如某村选举村委员会主任，村民们会对某候选人做些议论评价，一些上了年纪的老人就会说："××年纪是轻点，性是紧点咯。都是共地方人（即同村人），望他大起咯。做人'大总纲'是有的，依我讲是有劳（即'可以'）的。"意思就是：某某年轻点，性子有点急。都一个村子的，看着他长大的，人是不错，照我说可以（当这个村主任）。

而"八分数"一词就更是直观了，汉语里不就有"八九不离十"这一说吗？就是不做过分的苛求，不提过高的要求，过得去就行。老辈松阳人常会说："做人几好做不到，八分数是要有的。"这里"几"有"多少"或"多么"的意思。某人外出谋事，家中长辈都会叮嘱该如何为人处事。稍稍懂事明理的下辈都会认真应道："猜到格，八分数我自会抲牢的。"松阳话"猜到"，即"知道"的意思；"抲牢"即是"拿捏""把握"的意思。

和"八分数"意思接近的，还有"中常数"或"中常倪"一词，以松阳话的语义而言，它和"八分数"比较显得要稍低一点，类似于"中不溜"的意思，不很好，但也差不到哪去。例如，问："这次考得咋光景？"答："无得几好，中常倪。"或者，说："该年倪你（这）点油菜种得道地。"答曰："你讲得好，也只有劳讲中常倪哇。"意思就是，你过奖了，充其量也不过就中等水平吧。

还有"过得门"。松阳话里是"可以""通过"的意思。以"优良可劣"来分，则介于"良""可"之间，即予以认可。

这词是由"过门"引出的。

"过门"，《辞海》中有两个解释。一是关于音乐方面的，指的是各段唱腔间歇处以及唱腔结束时的器乐片段；二是指女子嫁到男家。

松阳话的语境，多用于对某人（事）的肯定与否。"过得门"——肯定、可以；"过不得门"或"勿过门"——不行、不认可。所以"过得门"也是对人或事，最起码最基本的要求。

例如，某村干部处理某事有失公允，当事的受损一方村民会指责那位村干部："你也太无劳太不公平了，这道路过勿得门咯。"意思就是，你也太不像话了，太不公平了。这事如此处理，我这里是通不过的。

此类语汇还可以举出一些来，例如"平平过""生两下"等。

"囵" 与 "圆"

松阳话 "圆" 字，多读成 "lén" 音。只在一些固定用语，如 "圆规" "圆滑" "自圆其说" 等等，才发 "yuàn" 音。或者说，松阳话 "圆" 的文读为 "yuàn"，白读发 "lén" 音。

而我则认为 "囵" 即是松阳话 "len" 的本字，松阳话多将 "圆圈" 念成 "轱（骨）囵圈"。这与北方话 "骨碌" "轱辘" 意思相通。

（一）

松阳话 "画个轱囵圈"，就是 "画个圆圈" 的意思。早年间入塾的幼童先要描红，然后习帖。字写得好，先生会为那个字画个红圈，以示赞许。此法一直延续。20 世纪 50 年代初，我上小学三年级，开始习写大字。老师会拿蘸卜红墨水的毛笔，在他认为写得好的那个字上画个红圈。我很懒，很不用心，一直未能学好毛笔字（其实岂止毛笔字）。即便暑假期间，老父亲站在书桌前严厉监督，我也无多大进步。所以，我的大字本上一直少有红圈圈出现。倒是我母亲，记得是 50 年代初，她上过冬学。每堂课上写的字都是工整规矩，那本用毛边纸订成的大字本上，常有四五个甚至更多的红圈 圈。母亲因为学习认真，连着两个冬天得过 "优秀学员" 的奖状。

红毛笔批大字本，让人引为美好。但是还有另一种情形，则令人慨然而难以接受。

千百年来，师道尊严毋庸置疑。私塾先生、学堂老师的讲台上都有一支戒尺，那是用来训诫顽劣学童的。除此，私塾先生还有另一种惩戒学生的方式——用红笔在顽劣学童嘴巴上画红圈。

一位女士都快八十了，还会念叨起七十多年前，刚入学那会儿经历的一次体罚。

20世纪50年代初，松古盆地一座普通的乡村小学，她上一年级，她小哥上四年级。

学校规定中午时间学生在学校午休，二人同桌，一人躺课桌上，一人躺在长条课凳上。

开学没多久的一天中午，那天她躺在凳子上，不知怎么，总也睡不着，就用手指随意在地上画了几下。浑然不觉中，老师窜过来了，一把将她拽到

松阳有谚云："难理先生好学生，难理大家好媳妇。""难理"有"难对付、啰唆"的意思，"大家"即"婆婆"的意思

（王芬天　绘）

办公室。问她为什么说话。她辩解道："我没讲话。真的没有讲话！"老师悖然，为她的顶嘴变得更为恼怒。竟然拿出批大字的红笔，蘸了红墨水，在她的小嘴巴外画了个圈。面对如此羞辱，小女孩失声号啕大哭。此时只听得"咚咚咚"几声快步声，一个敦厚壮实的小男孩猛地冲进办公室，像一头被逼急了的小牛犊，一边叫着"你欺负我妹，我不对你歇（即'跟你没完'）"，一边俯头向那老师冲了过去。然后，一把拉起小女孩飞快往外跑去……

她是一个非常文静的女孩子。如今，依然面善心慈，谈吐谦和。

她说那是一位代课老师，方法是简单了点，过后也就没再记恨他了。只是想来觉得有点搞笑，自己居然也曾受到过如此重的惩戒。

（二）

说到这"画轱囵圈"，最令人难忘又辛酸的，当数 20 世纪 60 年代末至 70 年代初我当农民的那段日子。

这事得先往远了扯，请原谅。

20 世纪 50 年代末期，农村完成了从高级农业生产合作社向人民公社的过渡。农民也就随之从"农业社社员"转身成了"人民公社社员"，个个都成了"向阳花"。他们在已经成为集体所有的田地里，参加集体劳动，实行的是评工记分，按劳取酬。每种农活都有定额标准，干多少活得多少工分，至年终决算，以全年工分参加分红，领取劳动所得。为了维持每个社员家庭的日常开销，一年中有几次"预支"。春花作物登场，即小麦、油菜收获了，生产队有一次预分，按当前工分，支取一定数量的大小麦和油菜籽（油）。到了早稻收成，又有一次预分，每个社员家庭可以按工分从生产队支取若干稻谷。晚秋作物登场，还可以从生产队支取若干玉米、番薯、荞麦等。（至年终决算，按全年各项收入折算每个劳动日的分值，扣除已经预支的实物折价后，算出每户还可以支取多少谷物和现金）倘全年所挣工分折价后，不足以抵扣已支取的实物的价值，则为"欠（社）队"，就得补交现金到（合作社）生产队，才能领取按人口分配的那部分谷物。那是全家人口粮的一部分。

草木枯荣，冬去春来。那些年，公社社员挣工分是最重要的，一年到头，少有在家闲坐。鬼知道，再怎么煞心（起劲），全年所得也有限。年终决算时，一般的生产（大）队，每个劳动日能有一元以上的分红，肯定得上榜表扬。一般而言，许多的生产队每个劳动日能有八角钱分红，就算不错了。不少穷队，一个壮劳力一天收入也就五六角。

社员们收工回家吃完饭，就会三五相约，言道："去，到生产队画辘囵圈。"现在松阳农村年龄在七十岁上下的农民，恐都有这种"去画骨（辘）囵圈"的经历。记工员只需每晚在记工本上，在出工社员的名字下画个"○"；出工半天的则在圆圈中画一条斜线，就像机械加工图纸上表示直径的符号"φ"。

有件事至今记忆犹新。那会正值"三忠于"活动的高潮。每天下地（松阳话叫"落田"）劳动，都要在田头插上伟人像，还有语录牌，还有红旗；出工前在田边、灰铺门前要有一番表忠心的仪式，然后下地干活。

一天，正干着活，记得是耘田，突然下起了大雨点。初夏天，松古盆地常有叫"过云雨"的，猛下几滴大雨点，然后又一片蓝天白云。雨点刚"噼里啪啦"了几下，一位社员丢下田刨，连忙往灰铺边奔去，背起伟人像，又顺手把红旗和语录牌一起抱进灰寮放好。过了些日子，生产队开始政治评分了，这位社员因了"无限热爱"的绝好政治表现，由原来的八分直升九分。

（三）

1969年6月，开始了我难忘的近三年当农民的经历。

生产队老队长姓王，很厚道的一个老农民。他很懂"人尽其才"的道理，我回来没多久，就"力排众议"，让我当了生产队的记工员。别笑，那可是生产队的"管理层"噢。

再回过头来，还说"画骨囵圈"的事。

画完圈，记完工，接下来的一幕就有些滑稽。

那年头，上面正号召"知识分子要接受贫下中农再教育"。为响应号召，城镇各小学的教师由学校和镇革委会统一安排，分成若干组，每组若干名老师，分别下到就近的生产队为贫下中农读报。每周二次，读的内容不外是"最新指示"以及"两报一刊"社论。

毫不过分地说，下队来的老师们的神情是十分无奈、十分勉强的，有些"坐也不是站也不是"的尴尬。我们队的队址是一处香火堂，兼有储藏室和仓库的功能，场面倒不狭窄，只是灯光昏暗，破旧的桌凳很少有人擦拭，显得有些肮脏。屋子里弥漫着旱烟味、汗臭味，夹杂农药化肥散发的气味，那是一股怎么也说不出的难闻味道。年纪大的男人趴着旱烟筒；小伙子们嘻哩哈啦，放肆地扯着种种荤话；为数不多的几个女人在一旁叽叽喳喳不知聊些什么。不过，隐约会听到有那么一声——得了，让人早点歇了吧。

其实老师们也是，巴不得早歇了。于是领头的那位老师随手摊出那张捏了有些发软的报纸，头也不抬匆匆念完，然后领着同来的同事匆匆离去。

还真不是高抬自己。老师们巴不得离去的另一个原因是我。老师中有我的老熟人，在那个场合见了，总有些"那个"，说白了就是有点不自在。人非草木，孰能无情。他们有同情我的，也

松阳话，用耕牛牵引的农活叫"用牛"，一般而言，会用牛的人一般都是种田老把式

有笑话我的。其实，我倒是无所谓的。每次老师们来了，我总会十分泰然地打过招呼，然后请他们在桌子前坐下。而每次都能让我感觉到他们那种似笑非笑的尴尬。这种尴尬和不自在，一直持续到这个夜读活动结束。

五十多年过去了，那场景仿佛眼前。

所幸三年来，大队里多数的党员、干部，还有不少贫下中农，他们真是善待于我，干活时他们总会鼓励我，甚至手把手教我。比如插田（秧），比如扎稻草束，比如做麦畦，比如上烟土。有过亲身体会，才相信有些文章里说的所谓"手把手教"，这是确有其事的。

一番努力，三年下来，除了所谓的"犁耙耕耖"，就是农业劳动中最具技术含量的犁田、耙田、耖田，其他如插田、做烟畦、上烟土等，一应属于有些技术难度的农活，老农民们所称"手面道路"，即全凭手上功夫的精细农活，我都已经很"拿得出手"了。1972年4月，我重回教师队伍时，已经是一个能挣九分半工分的正劳力了，两年十个月，我作为"农民"算是提前"满师"了。

前面所言"难忘"，我的理解是除了体力的消耗、物质生活的艰难外，最大的收获是让我有机会最真实最直接地走进农村，走近农民，对农村对农民有了属于自己的认识和理解。从这个角度看，那两年十个月的种种历练，何尝不是"财富"呢？

帮娘舅揄牛

"帮娘舅揄牛——白做"，这话很有意思，算是松阳话的歇后语吧。

到处都有这样的童谣。"摇摇摇，摇到外婆桥，外婆说我好宝宝，糖一包，果一包，先吃饼，再吃糕。"而且确实有不少城里人的外婆家都在乡下，许多童年的趣事都是伴着外婆家场院的蝉鸣鸟叫而发生、而展开的。

我外公是祖辈种田的老农民。当年外婆家有土坯墙房子，有场院，有菜园，有鸡鸭猪狗；最让我又想亲近又心存畏惧的是一条大黄牛。外婆家在离县城十多里的山脚下一个小村。屋子前是一条清澈的小山溪，透过清可见底的清水能清楚看到水底的细沙、石头，还有柳条鱼、石斑鱼。"山坑无鱼，石斑为大"嘛。屋后是满山的毛竹和杉树林，房子两边是两个数百平方米的大院场，院场边种有桃树、梨树、桑树，山脚下是一排棕榈树。用时下的标准，那才是真正的"乡间别墅"。用如今青山绿水的标准来衡量，真的可以说美极了。

六十多年前我上小学，寒暑假到外婆家，最开心的事就是跟舅舅去放牛。

我外公外婆育有四男五女，我妈是老大。我三舅也就少我一岁，所以我们俩在一起玩的机会多，尤其是放牛，我一定会跟着。起先，我只是跟在牛屁股后面，还离得远远的。后来会在三舅的鼓唆下，偶尔牵着牛缰绳走一段，不过很有些胆怯，不敢太靠近大黄牛。慢慢地到了三四年级时，十来岁的我，会在也是十来岁的舅舅的帮扶下骑上牛背。舅舅在边上一手牵着牛缰绳，一手高高举起扶住我，还不停地喊"别怕，别怕"，俨然我的保护神。再长大些，到了我念高年级，放假再去外婆家，就敢一个人牵着牛到屋后山坡的草场放牧，任凭大黄牛甩着尾巴摇着头，悠然地嚼着满坡的青草。我会和舅舅在山坡嬉耍、追逐；会四处去采野果；会爬上竹子高处，然后双手抓住竹竿，身子腾空玩起荡秋千。我们玩累了，大黄牛原来瘪塌的肚子也变得滚圆了。两人吆喝着大黄牛，慢慢腾腾往家走去。

"帮娘舅揄牛"的乐趣，至今想来还很享受 （王芬天 绘）

这就是我经历过的"帮娘舅家揄牛"。你说，外甥会管娘舅要工钱吗？其实，真的只有外孙到外婆家才是做客。不是有这样的谚语吗？"老太婆三件宝，外孙、鸡娘、破棉袄。"传统农耕社会，经济上讲究父系间的继承，所以叔侄间、兄弟间有更多经济上的联系。因为有了经济上的联系，自然少不得会出现矛盾纠纷。不是有谚云"亲哥弟明算账"吗？亲情夹杂着利害和权益，处理起会显得很麻烦。

不说了，我不懂社会学，不敢再胡说什么。

和这话相类似的还有一句松阳俗话"阎王帮鬼慌"。你说，阎王是谁，谁见着了？鬼又是谁，谁又见着了？不全都是无影的事吗？所以翻译成普通话就是"白忙活"的意思。这话和前面一个的不同在于，"帮娘舅揄牛"是乐意的自愿的，而"阎王帮鬼慌"那是无奈的，并非情愿的。

鹭鸶帮鸭愁寒

"鹭鸶帮鸭愁寒"这话和"皇帝不急太监急"差不多意思。

皇帝是真命天子，是龙，拥有上天赐予的至高无上的权力，无人敢违抗。皇帝的健康关乎天下的安宁，历朝历代宫闱内廷都有种种规制，用以限制皇帝因了纵欲无度而伤及龙体。例如，据清朝祖制，皇帝每次房事有规定时刻，且不能超逾。掌管时间的是禁事房的总管太监，时辰一到就要催促皇帝更衣起驾，不管皇帝此时兴致有多高，和嫔妃缠绵难解有多开心，太监一定要让皇帝赶紧收场。而皇帝老儿自然是兴致无减，欲罢不能，此时太监就急了，延时不回宫安寝，则是违背祖训。因为不能劝阻皇帝，让皇帝背上一个"淫无度"的坏名声，太监是要掉脑袋的，所以就有这"皇帝不急太监急"的俗话了。这话多用来比喻当事人处理某件事务并不着急，而旁观的人却为之发急，甚至想办法出主意。这话多半含有调侃的意思，说白了就是笑话旁人瞎操心。

松阳人很有生活情趣。一句"鹭鸶帮鸭愁寒"，听起来、写出来都很有雅意，很有画面感。

鹭鸶和鸭同为水禽。鹭鸶站立在渔筏上，抬眼看见埠头边几只鸭扑棱扑棱窜入水中，自在地捕食着小虾小鱼。渔翁坐在筏上休息。鹭鸶们就议论开了："这些鸭子怎么回事，冬天的水够冷，它们不怕吗？"

"不会吧？听说它们和我们一样，也能下水。"

渔翁听见鹭鸶们咕咕咕地闹个不停，开言道："关你们屁事，鹭鸶帮鸭愁寒。'春江水暖鸭先知'，它们比你们知道得多了。别吵了，快下水捕鱼去吧！"于是鹭鸶们摇摇头，拍拍翅膀，扑通扑通，先后钻进了水里。

简直就是一则寓言：别多管闲事，这世上的事百分之九十九与你无关。

鹭鸶排，在松阳绝迹已有多年了　　（王芬天　绘）

现实生活中也常有这样的事。甲某人在为完成某项工作努力着；可是一直自以为也很能干的乙某人，往往会过多地关注甲某人，且不时在一旁指指点点。此时，还有更加能干的且是真能干的丙某人，就会对那自以为能干的乙某人说："无事，你厄'鹭鸶帮鸭愁寒'，甲某人他有两下的，放心好了。"

松阳人把能干分为"假能干"和"真能干"。夸夸其谈、自以为是的人，都会被归入"假能干"之列；身手不凡，但不显山露水，只到"该出手时才出手"，这类人被称为是"真能干"的人。

也有一些人平常并不被看好，可是却出色地完成了某件事，家里大人或单位领导就会表示惊讶："我还担心，吓你做不了。勿恐'鹭鸶帮鸭愁寒'，想不到象真生能干。"于是皆大欢喜。

此真能干也。

盐园酱里在

"盐园酱里在",也有读成"盐生酱里在"的。松阳话的"园""生"两个字,在普通话里就相当于"放"或"在"的意思。"盐园酱里在",从字面上非常好理解,因为酱里有盐,所以才是咸的。

晒酱是中华饮食的传统技艺,家庭手工操作的方法较之如今工厂化大规模生产的流程,基本一致。黄豆浸泡过后煮至烂熟,然后拌上面粉令发酵,盒(捂的意思)至长出黄绿色菌丝(也即如今的营养专家们所称"益生菌"),称酱黄。酱黄晒干,冲兑盐水拌匀,装入容器,加盖置烈日下暴晒数月,至食材呈红褐色即成。此种颜色,人们通常称酱色或酱紫色。民间晒制一斤酱黄的黄豆酱一般需加入二两食盐。

暴晒后,酱里的水分蒸发,所以单独吃黄豆酱会觉得很咸。盐看不见了,可是吃起黄豆酱依然很咸,即"盐园酱里在"是也。

我母亲是料理家务的一把好手,记忆中母亲酿晒的黄豆酱简直是美味,什么"六月鲜"、什么"厨邦"、什么"海天",还真比不上我母亲晒的黄豆酱。要知道,那年头除了盐,绝无任何其他调味料可以添加,所以自己家酿的黄豆酱绝对是纯天然无添加的。20世纪五六十年代,餐桌上很少有肉,自然很少能吃到炸酱肉丝。母亲常会用黄豆酱烧豆腐干,味道那个鲜美啊,几十年过去了,想起来还能馋得流口水。

这句俗话除了写实的一面,更多的是用作比喻。比如,某人家境好,不光一日三餐营养均衡,还能常年吃些三七、西洋参之类的滋补品,年纪大了依然精神矍铄,身板健朗,左邻右舍、亲朋好友间就会有这样的议论："望望某某叔，八九十岁了还生清健。盐园酱里在咯。那些补品哐落去，有用的。"

还有，是对于孩子而言的另一种情形。如今用于子女教育的费用确实不菲，几百上千元一堂的什么辅导课，年轻的家长们是花出去眼睛也不眨一眨。对此，最普通的说法就是："无事，盐园酱里在。书读好了晚点（日后）寻个好工作，钞票快佷便约（挣）回来了。"

这里不妨说一说我亲历的、现实版的"盐园酱里在"的例子。

一日，女儿打来电话，说是非常感谢爸妈，当年带她看了那么多电影，让她对不少文学作品有了更形象更深刻的理解，向学生讲起课来就更得心应手，游刃有余了。

这事是这样的。女儿是某学院的老师，教授中文。20 世纪 70 年代末，许多电影陆续解禁。那可都是经典啊。外国名著改编的电影，如《安娜·卡列尼娜》《红与黑》《复活》《苔丝》；各大剧种的戏曲电影，如《秦香莲》《望江亭》《穆桂英挂帅》《梁山伯与祝英台》等等；三四十年代经典老影片，如《渔光曲》《十字街头》《桃李劫》《一江春水向东流》等；五六十年代一些有很高艺术水准的电影，如《早春二月》《子夜》《家》《春》《秋》等。当年女儿和儿子才上小学不久。直到他们上初中、上高中，我们几乎每个周末都带他们去看一场电影。我们家人多，哥哥姐姐在外地工作忙，侄儿外甥都在老家上学，每次买票少则五六张，多则十来张。20 世纪 70 年代末 80 年代初，每个周末花二三元钱去看电影，也算得上一笔不小的开销了。当年我们的意识也属超前的：让孩子们接触一些好的电影，对他们的成长肯定是有好处的。

对于女儿溢于言表的感激，除了说声谢谢外，随口就回答她："是这样的，'盐园酱里在'。我们就知道，当年花的钱是值得的。"

与这话意思刚好相反的"鳖园水里浮"也很有意思。人们总以为有多大投入就会有多大产出。其实，也并不尽然。"鳖园水里浮"的事也常出现。

"盐园酱里在"的意思是尽管看不见了，可是却无形地存在着。而"鳖园水里浮"就可笑了，把鳖放入水中，眼睁睁看它在水里慢慢悠悠地浮动着；看着就在眼前，可是在水里浮了没几下，转眼间，往深水处一钻，那只鳖就无痕踪了。

鳖即甲鱼。当年，根本无养殖一说，市面能买到的全是野生的，是水产品里价格最贵的一种，20世纪五六十年代居然等同肉价，每斤要六角四分钱，那时鱼鳅才五六分钱一斤。如今"野生"甲鱼能卖到二三百元一斤，还不知是真是假。呵，听上去简直天方夜谭！却是千真万确。

鳖被捉住或受到外界刺激时，它的头和四肢会缩进甲壳之内；然将其放入水中又会快速游走，潜入水中。所以"鳖园水里浮"的结果是——"无着"。它类似于俗语"肉包子打狗"。这情景多是大人逗孩子："狗追来了，拿你手中的包子打它。"孩子真的狠劲打了过去，狗不追了，大口大口咬起包子，那可是美味啊！"鳖园水里浮"也是一句逗乐的话。松阳人讲是"骗小侬儿（孩子）骗脱壳（傻子）的"，普通话即"逗你玩的"。其实，现实中极少有这样的事发生。

这话更多的是用以自嘲或是嘲笑别人。倘是做了拿钱打水漂的蚀本生意，当事人会说："象真勿曾想到，这事干是'鳖园水里浮'，全无着了。"旁人就会嘲笑道："这人是脱壳的，这生意有劳做略？全盖是'鳖园水里浮'喂。"或者还有另一种情形，是意识到将要做的一桩生意可能血本无归，幸而及时中止，减少了损失。当事人会十分庆幸自己及时做出了明智的决定："还好，勿曾给他骗去，差丁儿添（差点儿）就'鳖园水里浮'，××万钞票便无着了！"

但愿多些"盐园酱里在"，千万勿要"鳖园水里浮"。

丐儿凿猢狲

猢狲，即猴子；丐儿，乞丐也。"凿"松阳俗字，骂人的意思，发音近"sǒ"。

早年间，常有耍猴的民间艺人走街串巷，游窜于城乡各地卖艺，松阳人称"做猢狲戏"。一般以家庭为组合，有父子（女）两三人组成，大人

猢狲戏，大人孩子都喜欢，那年头太少大众娱乐了 　　　　　　　　（王芬天　绘）

孩子都衣衫褴褛,形同乞丐,大人肩上挑着一只小木箱(也有藤条箱)、一卷小包袱,箱子上拴坐着一只猴子。每年秋收后,做猢狲戏的就多了。他们多是来自淮河流域灾区的贫苦农民。

旧时松阳县城有三十六社，每社都有社亭，那是四周居民聚集的场所。猢狲戏多在社亭或十字路口演出。耍猴的一到某社亭或闹市太平坊（或申亭、耐性桥、县学坛），领班的大人会将一面破锣敲得应天响，"当——当——当"，孩子则手牵猴子兜圈溜场子；倘有两个孩子跟班，则另一孩子整理戏箱，从箱子里取出各种冠帽、

面具（松阳人叫"龟面壳"。因面具制作得坚硬粗糙如同龟甲，故名），整理后按序摆放好。不一会，街上的行人鱼贯往戏场聚拢。尤其是孩子们，总是猴子般机灵，两下三下就挤钻到圈子的里面，盘腿往地上一坐；大人们有拢着手的，有

锣一响，周边的人都围拢过来了

（王芬天　绘）

叼着烟杆的，有打赤膊的，有肩上扛托着幼童的。随着破锣声阵阵狂响，围观的人站成了好几层，最外层的都要踮着脚往里看。

闹了十多分钟的场子，人也聚得差不多了。打锣的大人牵着猴子开始表演了，随着主人的锣鼓声、吆喝声，那猴子又是翻筋斗又是做鬼脸；一通简单的表演后，机灵的猴子会从箱子里取出适合的面具和帽子戴上，先走完圆场，然后会跳到箱子上坐着，跷着二郎腿做出各种逗人的动作，博得围观人群的喝彩。此时，随班那孩子就会托拿起一只破脸盆，向正兴致盎然的观众乞钱，多少不拘。于是，就有人往盆里丢钱，有二分五分的，有一角二角的，也有出手大方的会往盆子里扔去一元大钞，当然更多的是扭身离去的人。

表演中，耍猴艺人和猴子间常会有插科打诨，引得围观的观众

忍俊不禁。表演正当高潮时，猴子会不听指令，开始撒泼"罢演"，它会躺在地上闭着眼睛架着腿，或者跳上戏箱子朝主人龇牙咧嘴，还不时发出表示不满的尖叫。这时主人就会举起锣槌指着猴子开口训斥，还做出要殴打处罚的样子，猴子则会对着主人又叫又跳，还有欲扑向主人的动作。如此对峙了一会，主人又会拿出几粒玉米或花生哄抚猴子。于是"丐儿凿猢狲，猢狲凿丐儿"的一番表演停歇，猴子继续演完它的戏。

这就是我印象中的"丐儿凿猢狲，猢狲凿丐儿"的情景。这俗语于现实中多见于数人合作一件事，出了些失误或偏差，如若各人不先从自身找原因，而是互相指责，那么第三者就会拿出这话："算了，勿要'丐儿凿猢狲，猢狲凿丐儿啦'，各人都有不是。"于是，双方各自一声"是咯，是咯"，往往是一场互相谅解的自嘲自解。

此话还有另一种说法，叫"丐儿笑猢狲，猢狲笑丐儿"。这故事类似于寓言了。猢狲见到衣衫褴褛甚至衣不蔽体的乞丐，大为好奇，紧随其尾，不时窜到乞丐前面搔腮挠腿，咧嘴龇牙发出阵阵尖笑。此时，被猢狲惹恼的乞丐（想象中之形象，好若游本昌饰演的济公那个样子），会停下脚步，拿起打狗棍用劲敲击地面，对着猢狲高声笑骂："你个泼猴，你光着屁股不害臊，还敢取笑于我，我打死你。"

只看见对方的缺陷和弱点，全然未能认识到自身的不足和短处，互相揭短、互相取笑，"猢狲笑丐儿，丐儿笑猢狲"，此之谓也。

松阳话类似的俗语中，语言生动、比喻恰当的，还有"白猪笑乌猪，乌猪笑白猪"。都是猪，凭什么白猪就要笑乌猪？反之，乌猪又有何资格取笑白猪呢？白你的白，乌你的乌，真的没有必要因为对方不是"白（乌）"而瞧不起对方。

还有一句意思类似的松阳俗语，怕是不少年轻人已不知何意了。

还是举例来说明。"绑"和"吊"原来都是动词。这两个动词的组合，成了松阳话中"绑吊"一词。这一组合它的词性就变成了名词，多用于指责一些性格不稳重，处事不安分，总好朝三暮四的浮躁之人，意思近于北方话的"瞎张罗""瞎折腾"。

而由"绑吊"衍开的这句话就更生动了——"绑便吊好，吊便绑好"。家中有孩子很不安分，刚做不了几分钟作业，又玩起玩具汽车；玩了一会，又丢下玩具汽车，垒起了积木。这时外婆或嬷嬷（奶奶）就会从旁喝道："你个小鬼啊，绑便吊好，吊便绑好。一下（会）做作业，一下搞汽车，一下又堆积木，咋有你生不用心的哇。"

其实，大人也常有这样的事。有年轻人办了几年工厂，觉得赚不了大钱，又去搞服装买卖，生意没做下几单，本钱赔了个精光；再筹些资金又搞起了餐饮业，开了没多久餐馆又关门了。人们对这种人的评论就是："这人绑吊的样，无样道路（事业或者工作）做得好。"或者："咋有这号人咯，绑便吊好，吊便绑好。缠来缠去，无道路做得成。"用以批评某些人办事很不专一，常常是有始无终，无所成就。

好吃懒做的形象诠释

看过许多讥讽懒汉的小品表演，例如宋丹丹主演的《相亲》，滑稽、幽默，令人捧腹大笑。不过我认为不少小品太过直观，看过也就是了，很少回味。倒是空闲下来，常会突然记起某一句关于嘲讽懒汉的松阳话，顿觉有趣，会忍俊不禁，且大笑起来。于是又用心去搜索一番，把记忆中关于这类搞笑的话捋了几个出来，一看，还真不少。

"两脚扛个肚，咥了天光无日午。"这话大雅了，两条脚上面是腹部，肚（胃）就在里面，指的单身一人。其实说白了，就是松阳话所言"光棍"。"两脚扛个肚"，一个好吃懒做、穷窘之极的光棍形象，活脱脱浮现在你眼前。咥，松阳话"吃"的意思，陕西、河南一带方言都是用的"咥"字。天光即早晨，咥天光也指早饭；日午即中午，咥日午也指吃午饭。孑然一身，照样是吃过早饭，还不知道中午饭在哪里，即"咥了上厨无下厨"。松阳方言所说"厨"就是"顿"的意思，整句翻译过来就是"吃了上顿没下顿"，饱一餐饿一餐勉强度日。寥寥十二个字，一个懒散潦倒的光棍形象跃然纸上。

"光棍园不得隔夜食。"还是拿光棍说事的。光棍之所以贫穷，就是因为他好吃懒做，且无精打细算过日子的安排，即便偶然一次挣得多了，也会任意挥霍，进酒店、下馆子。"酒肉穿肠过"，吃得是满嘴油光，饱嗝不断，所挣的也全部花个精光。有些老人针对这个现象还有很具体的说法："哎哟！那个××（指某人），盲间困困还要爬起寻咥咯。象真便是古老言讲的，'光棍园不得隔夜食'

哩。"躺在床上还在寻思有啥吃的没吃光,然后还会爬起来吃完它,才能踏实睡着。试问,有哪个女人会和这种懒汉过日子呢?他自然只得"打光棍"了。

老太太们看着晶莹圆润的夯头米,脸上流露的是满足的微笑

"无米留勿得夯头。""夯头",松阳话"上等好米"的意思,早年间无机械加工,都要到砻房或水碓或踏碓去加工大米。这种原始的人力加工法,不可能一次去尽谷壳,要有二三次的夯舂筛选才能碾碓完净。最后一次碾碓后留在筛子上的小量掺杂谷粒的大米,是最完整最净白的,松阳人把这叫"夯头米"。家中主妇都会先挑出夯头米中的谷粒,然后待用。这夯头米煮出的饭特香特软。一般人都将夯头米存放好,以备过节食用,或者用作待客的上品。然而,一些糠菜半年粮的赤贫人家,真的到无米断炊时,自然也不会再死死囡着那几斤夯头米,去做什么体面了,先吃了救命要紧。所以才有"无米囡不得夯头"一说了。而前文所提到的"囡不得隔夜食"的懒汉,自然也是照样"留勿得夯头米"的了。这话与"光棍囡不得隔夜食"有异曲同工之妙。

"奸(懒)人多尿屎。"这个"奸"字,取自《现代汉语词典》里"奸"的第四种释义,是口语。松阳话也读 jiàn,有取巧、不肯使力气的意思，也即"偷懒"。我有过三年务农的经历，下地干活时，常会看见取巧的人，"哎——呸"往手上吐一口唾沫，手掌一搓，高高地抡起锄头，往地里那么挖了几下，好似秧歌剧《兄妹开荒》中的那个舞蹈动作；然后说了声"拉泡尿再"，就放下锄头，慢慢踱步到灰寮角落或大树底下去撒尿拉屎了。回来照样是那么装模作样地干不了几分钟，又会挂着锄头把，站着吸起了烟，嘴里念道"叭筒烟再"。再过一会儿，又会找出一个什么很正当的借口，"去歇息歇息"。这时，一起干活的人，背地里就嘀咕开了："便是他，名堂精最多。""无法喂，奸（懒）人多尿屙。"这种使奸耍滑的懈怠之人，在农村是很让人看不起的。其实不只是农村，任何单位、任何劳动场所乃至全社会，这类懒人都是十分不让人待见的。

"养了三年鸭，拉尿懒得扎。"这话说的是早年间赶着成群麻鸭，

这个放鸭人的形象有点夸张，不过也差不了太多

（王芬天　绘）

到处放养的养鸭人。

这话倒并非说的是他们懒，而是形象地描述了这类养鸭人的生活状态。那年头，养鸭人都在郊外灰铺或者凉亭借宿，除了圈关鸭子的篾篱外，也仅简单的铺盖和炊具，灰寮角拉上几束稻草（松阳人称稿头）一摊就是床铺了；三块石头（或者砖头）往地一垒，砌成一个"品"字形空间就是锅灶了。

那年头，松阳农村多种水稻。20 世纪五六十年代，开始推广双季稻，一年里更是有长达六七个月时间，稻田里都有水。鸭子下到田里，捕食小虫小鱼，又能起到松土的作用，拉下的鸭尿还是肥料。放鸭的人将鸭子往田里一赶，一根长长的赶鸭竹竿往田头一插，就可以优哉游哉地在田头的乌桕树下或是灰寮边遮阴处一躺，架着腿，叼着烟，箬帽半掩着眼睛，迷糊半天。到傍晚，"呷呷"地呼唤几声，然后拿一小袋玉米，往灰寮前一撒，二三百只鸭子就争先恐后围拢过来；待它们把米玉粒吃完，一挥竹竿就将鸭子赶进灰寮围了起来。于是他一天的劳作就完结了。

自由自在惯了，也就懒散成性，总也不愿多做点什么。所以，就有了这"养了三年鸭，拉尿懒得扎"的夸张说法了。早年间松阳城乡男人穿的都是叠腰裤，前边没有门襟，要小便（拉尿）就要将裤脚卷上或是把裤腰拉下，才能"方便"。当然，这"拉尿懒得扎"当然是夸张之说，不过也足以说明养鸭人懒散的生活习性了。

早先，在松阳放鸭的多缙云人。过了没几年，松阳本地也有人放起了鸭子。

"脑指勾儿叩死人"及其他

"脑指勾",也有写作"脑撮疙"的。松阳人惩戒孩子即打孩子的一种方式。食指、中指弯曲,以第二节指关节叩击孩子脑壳。

它和"揎面(脸)掴"(即打耳光),"揎屁股掴"均为常用的打人手法。面掴、屁股掴则以手掌击打脸颊或屁股。打人不打脸,揎面掴被视作最为侮辱人的动作,非万不得已或怒不可遏,很少有人去打人耳光。揎屁股掴即打屁股则是大人们用得最多的,教训闯了祸犯了错的孩子的手段。皮肉之痛,无多禁忌。

以我七十七岁的经历,真的以手指叩打脑壳致人死亡的案例,是未所闻也未所见。不过,我倒相信是一定可能的,因为头部有许多敏感穴位,倘是不慎击中某个致命穴位,很可能造成严重后果。正如曾有报道新郎狂吻新娘致死的案例。因为新郎狠劲搂紧新娘脖子,造成颈部动脉受到严重压迫,而致脑供血不足,造成死亡。

松阳人说的"脑指勾儿叩死人",更多的是用来比喻以小见大,于细微处讲节约。比如某人爱吸烟,尽管吸的不是什么好烟,老婆见他又去买烟,总会如此说:"别当是一天就几角钱(我们吸烟那年头,'利群牌'香烟才二角九分钱一包),'脑指勾儿叩死人',一年到头也不是小数目。"

由此想到一个关于戒烟的经典故事。

这故事恐各地都有,版本大同小异。小两口成家不久,丈夫吸烟,妻子劝戒烟,终不成。妻子遂对丈夫言道:"以后,你买一包烟多少钱,我也要拿多少钱做私己(私房钱)。"至年底,妻子取出一堆钱来指给丈夫，这就是你一年吸烟烧掉的，你看到了吧，"脑指勾儿叩死人"。丈夫一看数字着实可观，不免一震，信誓旦旦向妻子保证，明年一定戒烟。这故事的后一半就不说了，那就是丈夫不抽烟了，妻子也不攒钱了。到头却又是没钱过年，于是丈夫又把烟抽上了。

孩子天天吵着买零食，大人也会说："天天吃消闲，哪来那么多钱？'脑指勾儿叩死人'，一年让你吃消闲的钱，都快够你交学费了。"

松阳话的"消闲"一词很雅又很达意，空闲时吃点零食，可享受美食又可消磨时间。也有叫"闲肴"的，闲适时享用的佳肴，看到这两字，就令人垂涎。

和这话意思类似的俗话还有"不怕大大堆，只要日日归"。意思是，不要以为拥有大堆谷米、大堆衣物甚至万贯银钱，就万事无忧了，有道是"坐吃山空"。如果自恃家财万贯，好吃懒做，挥霍消费，就是金山银山也被耗费殆尽，到头来只落得喝西北风的惨境。最踏实的是天天有收益，即"归"，此所谓细水长流。早年间农户家的谷柜谷仓上都贴有"五谷丰登""时观大有"之类，就是这种寓意。指望着年年都能五谷丰登，指望着打开仓门总会看见粮食满仓。

具体而言，这话就更形象了——"油麻（松阳话'芝麻'）逐日撮，香油整罐倒"。不是有句成语叫"集腋成裘"吗？一小块一小块狐狸腋下的皮毛，聚集起来也能缝成一件皮袄。

晾晒芝麻是很有画面感的，芝麻收获后去除叶子捆扎成把，架着晒晾，经几天烈日暴晒，令果荚开裂；傍晚，再将芝麻秆倒转，把荚里的芝麻粒倒进筐内，然后收好芝麻秆，第二日继续晾晒。如此要经过三五天，直至将果荚里的芝麻倾倒干净。芝麻果荚迸裂时会有芝麻籽粒迸出，细心的人会在地上摊铺簟皮，迸出的芝麻洒落在箪箪内，然后用扫帚将洒落的芝麻扫起，甚至会把残留的芝麻籽一粒一粒撮入筐内。早先水南、横山一带，滩圩地多的人家会大片种植芝麻，所以那一带过去有油坊打油。试想，在油坊里，看着芝麻香油滋滋地从油车里流入罐内，嘴里美滋滋地轻轻地念叨"油麻逐日撮，香油整罐倒"，那是一种何等喜悦、何等满足的心情；看满罐的芝麻油，闻着扑鼻的油香，是何等得令人陶醉。

有点乱，没拍到整齐晾在檐下墙边成排的芝麻秆

"成由节俭败由奢"，是这个理。

鲫鱼壳（儿）及其他

看到过一本小册子《重庆语文》，是以图文并茂的形式，推介一些极具特色的重庆方言词汇。看到其中"鲫壳儿"一说，文中的解释十分风趣生动：鲫壳儿就是鲫鱼，鲫鱼生命力特别顽强、爱跳，网起来在网里跳，放在盆里在盆里跳。丢地上在地上跳。对于这种不懈的挣扎，重庆人称之为"精蹦"。

这个画面有点粗犷（王芬天　绘）

由之，马上联想到松阳话中也有"鲫鱼壳儿"一词。松阳人又把鲫鱼称为"鲫扁"，个体较大的鲫鱼称为"大鲫扁"，体形如巴掌大小。有过买鱼或钓鱼经验的人都有上述重庆人的那种体会：鲫鱼壳儿会跳。加"壳"这个词缀，是因为它肉不多，像个壳状；又因为它的体态呈扁平状，所以又有加"扁"这个字作后缀。

由"鲫鱼壳儿"一词，又联想到松阳话中关于鱼类的另外一些叫法，多从形态、动作中提取最典型的一面来形容。

鲶鲐丝儿。鲶鱼，松阳人称鲶鲐，因为嘴边两条长触须，且游动起轨迹曲线十分柔顺。尤以尚未长成的鲶鱼最为逗人，四五寸长的流线型身体，水中轻盈游弋着，姿势柔顺优美，蛮有意思。称为"鲶鲐丝儿"很是生动、贴切。所以说到鲶鱼，多称为"鲶鲐丝儿"。

青条刮儿，即柳条鱼。形体修长若柳叶，细薄似刮刀；鱼鳞细且灰白，多浮在水面，不停游弋，在阳光折射下呈青灰色，故名青条刮儿。青条刮儿多成群活动，尤其在有水流动的小河坑为多。

青条刮儿，这是一个孩子的涂鸦，有点意思

滑溜鳗。鳗指河鳗，体表外有一层黏液，徒手抓捏，极易滑落，故称"滑溜鳗"。渔民抓捕多用一种叫"鳅剪"（钳）的带齿铁钳，夹住鳗鱼颈部得手。因为圆润湿滑，有如被汗水或玩水时溅湿的幼童小臂。大人们在给孩子洗澡时会开玩笑地说："你个滑溜鳗，手膊袋都糊了。"某人处事圆滑，他人会说："那个人便是滑溜鳗，你厄想柯得他牢。"意思就是"那人极为圆滑，你别想抓到他什么把柄"。

蝦夹退。"蝦"即"虾"，松阳话发"fū"音。活虾在水中是往后退着行走的；而"夹"则指的是虾长长的二只前脚，类似螃蟹的钳夹。所以有了"蝦夹退"这个十分形象的叫法。

　　嫩脱蟹。松阳山涧小溪多小螃蟹。刚孵化脱壳的小幼蟹外壳透白，以手指轻捏会感到蟹壳还显软嫩，爬行时动作缓慢且不稳定。松阳把此类幼蟹称为"嫩脱蟹"。也把"嫩脱蟹"用来比喻一些才刚入职，无工作经验、处事幼稚的年轻人，"嫩脱蟹的样，无事干做得来"。家中长辈也把刚牙牙学语，蹒跚学步的幼童喻为"嫩脱蟹"。

　　由"鲫鱼壳儿"的话题，又想到了另一组关于畜禽的很有意思的词。

　　猪骨儿。松阳人称六七十斤重的，未到宰杀标准的猪为"猪骨儿"，即骨架子比较大了但没有养肥。北方人直呼为"架子猪"。

　　早年间，松阳城乡，不少人家都会养一头猪。一年的精心喂养，能长到二百来斤。大多家庭杀了肥猪过年，来年二三月再去猪行（仔猪市场）㧮个小猪儿（即仔猪）。所谓"㧮"就是"买"的意思。一般而言，母猪产仔后两三个月，仔猪长到二三十斤左右，即可上市出售。市面上也有出售猪骨儿的。这是因为有的人家急着用钱，等不到养成肥猪出售；还有的人，养的猪总不长膘，土话叫"总养不壮"（松阳话"肥"称为"壮"，"大壮肉"即"大肥肉"），换个人家，因饲养方式有改变或许会快些长膘。于是就将这种六七十斤重的猪，即所谓"猪骨儿"，拉到市场出售。

　　"犬尕儿"，是松阳地方用字，松阳话读若"删"，字面意思就是"不大不小"，非常直观形象。具体而言，这"犬尕儿"类似于"猪骨儿"，都是还没真正长大的意思，狗仔出生一年后，才可以算是成年狗。这样算来，七八个月大的狗就是"犬尕儿"了，这种狗看上去身架较大，但是身上肌肉不丰满，还十分精瘦。如果再打个比方，比照人的生理年龄，就是相当人类长到十六七岁。正常情况，这个时期的少年，身高都已长到一米六至一米七，但肌肉和皮下脂肪都还不到成年人的标准，看上去显得又高又瘦。也因此松阳话中将十六七岁这个年龄段的少年（主要指男孩）称作"人儿"。

鸡瞎儿。松阳话指母鸡孵化出的最后一两只小鸡。松阳城乡都会在春天让母鸡抱蛋，孵出一窝小鸡。蛋鸡孵化成小鸡要个把月。动物真有超乎想象的聪明，母鸡抱蛋的过程中，它会不时地用双爪搅动卵翼下的鸡蛋，让它们均匀受到母体体温的熏煦。但是无论如何，鸡仔破壳总还有先后，最先破壳而出的几个鸡仔大多健康苗壮；最后破壳而出的小鸡会显得相当弱小，有时甚至要人帮助才能破壳。主妇们还会给刚出壳的小鸡喂食用烧酒浸泡过的大米，以利祛寒。因为弱小，主人还会对最小的鸡仔予以"特别护理"，竟会用牛乳喂养。毕竟，这最后出壳的小鸡，远没比它先行面世的"哥哥""姐姐"长得快。一群小鸡一起吱喳追逐觅食时，甚至会看不到那只最小的。这大概是其被称为"瞎儿"的原因——"看不到"。这是笔者的牵强。

这"瞎儿"一词意思和四川话的"老幺"一样，四川人把"最小"的那个叫"老幺"，如"幺妹"就是小妹，四川人叫小叔为"幺叔"。而东北人都相反，把最小的那个加上"老"的词缀，如"老姨"就是"小姨"，"老舅"就是"小舅"的意思。

拉屎撮到炒豆

有些松阳方言词汇或短语的意思和出处十分明白，但是也有一些土话并不是那么好理解的，人们口头中流传的往往是一种大概意思罢了。深究起来，却又不知何以有此一说。

这里就说一说"拉屎撮到炒豆"吧。

这话听起来有点滑稽，它和"天上掉馅饼"的意思差不多。通常使用的语言环境是遇有意外收获而十分开心，骨子里还带有点调侃的意思。例如，孩子遇到什么开心事笑个不停，大人也会在一边笑道："拉屎撮到炒豆了，笑不歇？"还有一种情况，某人偶遇开心事或有意外收获，会自嘲道："该日（今天）给我拉屎撮到炒豆啦。"总之，都是表示有意外惊喜或收获，用普通话来讲，就是赶上"天上掉馅饼"的好事了。

还有一种解释，说是"捎带"的意思，那就是这样一幅场景。有人在野外急着想拉，情急之下，或在田坎后或在灰铺（松阳人叫"灰寮"）墙角处"如厕"，而这些处所难免会有收晒时散落的豆粒。蹲着拉屎离地近了，或许能看见落进石头缝或草丛中的豆粒，于是顺手捡了，是故有"捎带"一说。松阳话叫"便带""傍带"。早年间，松阳乡间都将收获的黄豆或马料豆捆扎成把，堆在田头或灰铺边的乌桕树枝上，过十来天再卸下脱粒、晾晒、收藏。其间难免有散落在地的。

不过，无论何种说法，我都存疑——"拉屎"和"撮炒豆"完全不搭界的两回事，怎么会混搭在一起？

松阳话中，与"拉屎撮到炒豆"意思相近的俗语，还有"木耳扑落汤罐"一说。我理解,大概也是好事从天而降的意思,也是指的一种意外所得。但是,人们又不禁会产生疑问,何以不是香菇而是木耳呢?又为什么不直接掉进锅里或碗里,却非得掉入汤罐呢?又一个"天上掉馅饼"的松阳话版本。

山区还有人家在用这种没有炉、栅的镬灶

(摄于 2019 年)

汤罐是松阳人一种充分利用热能的传统节能装置。传统灶台(松阳人叫"镬灶")很大,许多家庭灶台都是一大一小两口锅,家里人口多的还有砌三口锅的大灶台。几乎所有人家的灶台,都会在铁锅边靠近炉门的边角上嵌砌一只小陶罐,利用灶膛的余热,加热陶罐内的水。一般情况,烧一顿饭的工夫可以将水加热至五六十度,足够一家人早晨洗漱所需热水;倘若多烧一些时间,足可烧沸陶罐内的水。这安放在灶台的陶罐被称为"汤罐"。就如同现如今一些农家砌有柴灶时安的热水袋,不过这热水袋是铜质,导热性能更好,且其出口是水嘴出水,取水更为方便。

汤罐有了,那么木耳又是怎么来的呢?姑且再听笔者瞎编一通吧。

除了汤罐,为了更充分利用炉灶的热能,许多人家还会在炉膛口上方房梁上悬下一根竹丫杈或木头杈钩,靠炉膛口一端可悬挂陶壶(松阳话叫"宜兴罐"),利用从炉膛往外冒的炉火加热陶壶内的水。乡下或山区不少人家都会在这种权钩上悬挂腌腿或腌肉，经过几个月的熏烤，就成了熏腿和腊肉。于是我又异想天开，这几个月的烟熏火燎加上煮饭烧水产生的水汽，又热又湿，会促成木质挂钩上长出木耳，于是它掉落下来，就最有可能进了汤罐——无须做任何努力即可得到。这就是"木耳扑落汤罐"的本义。所以松阳话里还有"哩木耳"一说，就是"太轻松了"的意思。

上述文字权当是无稽之谈，只是希望能因为我的闲话，引出松阳方言专家们对于一些松阳俗语俚语的正解，实在是"抛砖引玉"而已。

倒是这种叫"宜兴罐"的陶壶，还有必要再扯上几句题外话。

江苏省宜兴市有"中国陶都"之称。松阳瓦窑头生产的无釉民罐，工艺类同宜兴产的无釉陶，是故，松阳人就

花了大把钞票建"陶瓷博物馆"，却不愿去扶持行将消失的粗陶制作，任其成为"非遗项目"

将这种陶质茶壶直呼为"宜兴罐"。推而广之，与之质地相同的锅盖、汤罐、小钵等小件陶器，松阳人都称之为"宜兴罐"。早年间，松阳县城南瓦窑头村有好几家土窑是烧制这种陶壶的。20世纪80年代以后，几乎家家户户都用钢精壶或电水壶，这"宜兴罐"生生被淘汰出局。而令我愕然的是，2014年，我在龙丽高速龙游南收费站

食堂竟然看到有这种陶壶，打听何处还有卖的，工作人员答道金华市杂货店都还有卖。不禁纳闷，大大的金华市还有卖"宜兴罐"的，而小小的松阳县里却早已绝迹多年。

要说这"拉屎撮到炒豆"，我倒真的撮到过一粒大大的"炒豆"。

20世纪80年代，是"以经济建设为中心"的年代，县领导都三番五次在干部大会号召，"干部除了要下田头，还要学会跑码头"。碰巧，那几年我有过几块"豆腐干"样的小文在报刊上发表，于是"山坑无鱼，石斑为大"，我竟做了回"石斑"，从教育局调到了县志办公室。尽管，县志办的椅子自然是"冷板凳"中最冷的了。但未曾想，组织上竟看上了我这枚小"石斑"。又于是，尽管我十分的惶恐，却实实在在地开始主持《松阳县志》编务。又未曾想，三十多年后的时下，"文化"竟热得炙人了。再于是，熟悉的、不熟悉的朋友们，都觉得我那个县志主编头衔很是了得，只是得来太轻松了，所谓"拉屎撮到炒豆"。甚至，有的先生是"羡慕、嫉妒"只差"恨"了。我倒真的有点不好意思起来，原来就不过是"撮到炒豆"，而且尽管在县志办公室十八年来我以前所未有的努力，参与并主持了《松阳县志》的编纂，却因为个人学识和素养的局限，无多建树。退休后，更觉得松阳这"山坑"并非"无鱼"，而且岂止"石斑"，深潭里还有"大鱼"，相比之下自己不过"虾米"而已，所以越发地觉得我真是得了"大便宜"。在我看来，这可是一粒大到不能再大的"炒豆"喔。也因此，我曾多次由衷地感谢中共松阳县委、松阳县人民政府，给了我这个了解松阳，提高自己，同时努力为故乡人民服务的机会。

我一直这样认为，往大了说，是改革开放的大背景下，完成了我从一个乡村中学的民办教师，到《松阳县志》主编的华丽转身。所以四十年来，我一直心存感激，总觉得内心充满了"获得感"——此生足矣！

病态种种亦生动

有言在先，拙文绝无调侃、嘲讽疾病患者的意思。只是从疾病的生理现象出发，来佐证松阳土话的生动形象而已。

松阳土话中有许多与疾病有关的词语，平时说顺口了，也不觉得新奇；但闲空下来时，细一琢磨，别说，还真有点意思。本文试着说几句关于"生病"的闲语。只是浅陋如我者，医药卫生常识极为有限，连"不过皮毛"之类的自谦都不敢称，抑或将"误区"当"常识"也未可。所以说错了，请专业人士纠误；而读者诸君则权当听闲语，大可不必轻信。

先说一说中风。中医认为中风是气血淤滞所致，症状多有突然昏厥、半身不遂、肢体麻木、口舌歪斜等等。现代医学即西医则认为是脑血管栓塞，引起脑部供血受阻而迅速发展的脑功能损伤，即"脑血管意外"，亦即"脑卒中"。大脑受损，则脑神经对应的人体各个部位会出现不同的症状。

（一）

于是，就有了松阳话所说的"哑瘴风（疯）"。这是中风的一种，是血栓阻塞了大脑中主管语言功能的那条血管（神经），造成语言功能阻碍，表现为失语或语言表达不清。松阳话的"瘴"是指的某种邪毒，在这里就是导致"哑"的一种风邪热毒。这"哑瘴风（疯）"一语，多见于家庭中家长对孩子发火时所用。早年间，有三五个孩子的家庭并不少见。孩子多了家务事自然会多些，遇家务繁忙自然顾不上孩子们的事了。一旦孩子们嬉戏、吵闹，大人自然会大声喝止，待大人问及原委时，又都惊吓之下呆若木鸡，不言不语了。此时当妈的就会冲着孩子嚷嚷："一个个都'哑瘴风'捶了，问你一句也应不来。"这是最常见的生活情景，相信不少上了六七十岁的老年人幼时都有这种经历。另一种常见的情形则是——丈夫木讷少语，而妻子彪悍强势，妻子有事支使丈夫，丈夫未及时应答，悍妻则会大吼一声："喊你嘞，'哑瘴疯'捶了格样，半日应勿出。"普通话就是"叫你呢，哑巴啦，半天应不出来"。

"半边风（疯）"，中风的一种，又称"半身不遂"或"偏瘫"，是因为血栓阻塞了一侧主管肢体行为功能的血管或大脑神经，导致患者行为功能失调，一侧肢体反应迟缓或动作僵硬。松阳人所说"半边风"指的是轻度偏瘫，患者尚能自行活动，但步态不稳，一侧上肢或下肢不能正常活动。重症则必然卧床不起了。松阳人讲究文明礼仪，不会轻易以某人病态而取乐，所谓"到了八十八，也勿要笑人脚跷眼瞎"即是。但是倘是两人曾有宿怨，其中一人不幸患"半边风"，则此时，另一方会顺势攻击道："做人无劳太出格。你望，某某有报应了，风瘫销蚀了。"

"脑鸡风（疯）"，也是中风的一种症状，除四肢僵硬不灵便外，颈椎神经也受到堵塞，所以导致头颈部会不停摇晃。这类病人一边拖着一条病腿，甩着不听使唤的上肢，歪歪斜斜地艰难地行走，行走中头部也不停晃动。早年间，松阳城乡不少家庭主妇，都会在春天挑一只毛色光泽、体形肥大的母鸡孵一窝小鸡。倘是流年不利，遇上鸡瘟流行，小鸡会病死大半，松阳话那叫赶上"鸡瘴打"，即赶上鸡瘟，残留为数不多的病鸡；即便活着，也会落下一种病，鸡头作啄米状，不停晃摆。当地人遂将有不停晃脑袋症状的中风后遗症，称为"脑鸡风（疯）"。

除了上述的几种症状典型的中风病外，还有一些疾病的名称、症状、病因，也蛮有说法。

"七日风（疯）"，现代医学称之为"新生儿破伤风感染"，如不能得到及时治疗，病儿出生后六七天即会夭亡。究其病因，是分娩时新生儿脐带感染所致。不仅是松阳，早年间全中国城乡普遍卫生医疗条件差，产妇又多在家中分娩生产，且接生婆亦无卫生保健常识，剪断脐带所用刀剪也无严格消毒，所以新生儿感染破伤风病毒而致夭折是常有的事。七十年来，政府重视母婴健康，实行新法接生，大力提倡产妇进医院分娩，强制实行婴幼儿各种疫苗免费接种，保证新生儿健康成长，所以新生儿死亡率逐年迅速下降。据有关统计资料表明，2016 年我国新生儿死亡率约为 0.55%，而 1949 年的新生儿死亡率竟高达 20%—25%，是 2016 年的约四十倍。可想而知，当年农村地区的新生儿成活率该有多低。以至于当年县城及乡下各村都有义冢，专门掩埋早夭的新生儿或病死的幼童，松阳人把这种义冢称为"畚箕挈山"。称早夭的幼童为"畚箕挈"，形象之极。松阳乡俗，新生儿或幼童早夭，都以一截破席子卷了，放在畚箕内，由当地仵作提拎着，往郊外或村边专门掩埋这类早夭幼童的小山岗上，随便挖个浅坑把尸体埋下，然后将破畚箕往上一覆，薄薄地盖上一层泥土了事。当年，这些荒山野坡常有狼和野狗出没，它们很快就会闻着腐败的气味，号叫着窜来，扒出尸体，来一顿饕餮大餐。那场面很是恐怖。

（二）

"发痨渴"和"痨症哐"。发痨渴，指不正常的过量饮水，是糖尿病患者一种病态表现，并非日常出汗过多后，需大量多次补充水分的口渴。"发痨渴"这个词的民间口头流传，说明松阳民间早已认知了糖尿病患者最典型的症状——多饮。以糖尿病而言，是人体自身免疫力降低引发内分泌失调，导致所谓“三多一少”，即多吃、多饮、多尿和消瘦乏力。

与多饮同时出现的“多吃”，是糖尿病的又一典型症状。至于“多吃”，松阳话里有一个词叫“痨症咥”。

松阳人把某种不易治愈的痼疾称“痨”或“痨症”。例如松阳话“忖痨症”一说，即指的因思虑过度而致病。思虑过度则伤神，伤神可以导致免疫力降低，于是往往容易外感风寒，导致咳嗽。久咳不愈，会由上呼吸道感染引发肺部感染，导致肺结核病发生。而松阳人也称“肺结核”为“肺痨”，是痨病的一种，一如《红楼梦》中的林黛玉吧。

“痨症”和“咥”连在一起就是十分想吃的意思。生活中，有时糖尿病患者吃起东西来是有一种饥不择食的感觉，前口不离后口，而且是大口吞咽，样子很夸张。其实，这就是糖尿病患者一种自我保护。因为要控制饮食，每餐不可吃得过饱，难免饭前会出现低血糖的现象；为了尽快提升血糖指标，避免因低血糖造成的严重后果，就要尽快让胃里有食物，快速消化后以提升血糖。

其实，“痨症咥”一词更多使用的场合，是被用来斥骂孩子嘴馋贪吃。看见别人在吃零食，就吵着“我也要，我也要”。此时，做母亲的会喝止道：“望到别人咥东西便要忖，你痨症咥啦！”

“咥伤食”。“咥”，松阳话，即吃。“伤食”，中医所谓内伤食积，西医所谓消化不良。导致“咥伤食”，是松阳话所说“大顿咥”引起。“大顿咥”即所谓“暴饮暴食”，字面上理解就是“这一顿吃得太多了”。父母在家都会教育孩子：“吃饭要调匀，便是无劳大顿咥，好咥的便咥一腹，不合口的便不咥。”承上所言，“大顿咥”的后果就是“咥伤食”，松阳话也叫“咥堵食”，即现代化医学的所谓“消化不良”。“堵”松阳话发“zò”音，同“作”，即"堵住""不通"了。儿时也常有此类经历，遇到好吃的自然是放开肚皮尽量吃，直吃到松阳话所谓"满项颈"为止。就是吃到难以下咽，快到食道口了，于是"打嗝""腹胀""食道反流"，直到伤着肠胃。

家父笃信中医。家中常备有"午时茶"。早先胡庆余堂产的午时茶，包装盒印有两行字"居家旅行，常备良药"，功效是"和中解表，祛风散热"，适应证是"外感风寒，内伤食积"。一旦我有个头痛脑热、伤食腹泻，母亲就会取出一块胡庆余堂的午时茶，约 $3 \times 2 \times 1$ 厘米 ^{3} 的小茶砖（后来改为粉末剂），放入陶杯内用刚烧开的开水冲泡，然后沥出令我服下。还真神奇，午时茶服下片刻，就能缓解上腹部不适的症状，很快又舒服了。这个经验延续到我们这一辈，俩孩子遇感冒什么的，一包午时茶也能解决问题。如今，我儿子也相信午时茶的神奇功效。遇到孙子偶有外感，就会让我们冲泡午时茶，令孩子服下。

只是不知什么原因，十多年前的粉末剂午时茶不让生产了，市面上只有"午时茶冲剂"。说实话，这东西疗效甚微，不过喝糖水而已。

出于对午时茶的"迷信"，促成了本人的"一大发明"：照午时茶的方子，去药店配齐十九味中药，再加入规定量的陈茶叶或红茶，用粉碎机打成粉末，正宗传统"叶氏午时茶"成功产出。这些年，我家就是用这种自制的午时茶和松阳特产"端午茶"作代茶饮，因风寒引起的轻微头痛脑热，足能对付。

（三）

"蛙蟆瘴"。松阳话称"青蛙"为"蛙蟆"，发音为"wó muò"。

"蛙蟆瘴"即现代医学所称"腮帮炎""腮腺炎"。此病的症状是两侧腮帮红肿，如青蛙鼓噪时腹部充气鼓胀状，故名。松阳民间将热毒邪湿引起的疾病称为"瘴"。松阳民间治疗"蛙蟆瘴"的土方子居然是抓取一二只青蛙，捣碎后敷在两颊，再外敷上一张白菜叶。除了"望文生义"以物治物外，实质是取青蛙、白菜叶性寒凉，且敷在患处直觉清凉。小时候，本人也曾有过此种体验。记忆中觉得也能有些效果。

说到"蛙蟆瘴"，不免又想起另一种小儿常患的小毛病，就是松阳人所称"龙罕气哈"了。直说了，就是小儿外生殖器被感染，出现了红肿搔痒、胀痛。蚯蚓，松阳土话叫"龙罕"（音）。

此病患者多幼童，且多为尚穿开裆裤的幼童。"小儿无赖"，那年头无幼托班、无幼儿园，更无保姆照看，大人干活，就任由孩子们在地上嬉耍，或坐或蹲或爬。而当年农村的卫生环境极差，地面上鸡屎、鸭屎、烂菜烂瓜充斥。加之农村家中庭院多泥地，难免潮湿泥泞，蚯蚓、岫蜒之类自然常会出现。幼童满地摸爬滚打，光腚子触地，生殖器难免会被感染。在卫生常识远未普及的当年，人们把它归咎于地上蚯蚓的气味所致，也有其想当然的理由。

对此症状，松阳民间的传统治疗方法，竟然是抱来一只鸭子，让鸭嘴甲去啄衔患儿小阴茎。有的人家自己没养鸭子，还会去邻居家抱来一只，用以"治病"。理由是鸭子喜食蚯蚓，令其啄衔患处，就能把"龙罕气"给吸走了，据说还真有些疗效。不过倘真是有用，我想或许是鸭子嘴里的分泌物中，含有某种什么什么"酶"或"醇"之类，有消肿、止痛、止痒的功效。不得而知了。

好在随着农村卫生条件的改善，人民大众保健意识的提高，此类"龙罕气哈"的病近年已少有听说了。

荤话并不"色"

所谓"荤话",是一种斯文的说法,即骂人的脏话。相对于素,荤是指畜禽、鱼类的肉做的食物。延伸开来,人也是动物,以人的肉体尤其是以人的生殖器官为对象的话,就可以认为是荤话。我认为。

各地方言都有许多的荤话或者是荤段子。松阳话里也有不少以男女或男女生殖器官为内容的土话,即松阳人所说的"亵渎话"(松阳话读作"结毒话")。人的肌体肤发受之于父母,侮辱人的尊贵的肉体自然是亵渎了。其实,坦白地说也并非所有的"亵渎话"都是骂人的粗话脏话,还有不少是挺有意思的,不过是借用人体的器官来说出一个道理罢了。

别笑,这是一幅非常滑稽、非常有童趣的画面。

"大洽(湿)蚁,叮尿奶;唾摸摸,好得矬。"用松阳话念起来韵脚很合辙,很上口。蚁,蚂蚁,松阳的话发音类于"艾";洽即湿;大洽蚁,大的黑蚂蚁。尿,松阳话念若"xú",尿奶即阴茎。唾即唾液,松阳话念若"téi"。矬,地方俗字,音同"wǎ","多"的意思。整句话意思就是——你的生殖器让蚂蚁咬了,随手拿点唾液在患处抚摸几下,很快就会好了。这话很有科学道理。据研究,人的唾液里含有多种生物酶,很可能其中某种酶能有效化解蚂蚁叮咬分泌在人身上的毒素。过去老辈松阳人,常会用唾液去抚摸被蚊蝇小虫叮咬过的比如手臂上或者脸颊上某个部位,而且也真的很快就能止痒消肿。

这句话还真能勾起不少上了年纪的人们对童年生活的留恋、怀念。那真是乡愁,是不复再有的乡愁。不少六十多岁的松阳人恐怕都经历过或者见过类似的情景：

松阳农村某个村子的村口（或村后），大樟树或大枫树底下的草坪上，一群幼童，有四五岁的、七八岁的、十来岁的；有衣衫褴褛的、有赤膊的、有光臀的，当然全是赤脚的；或坐在树底下，或趴在草地上，也有绕着大树追逐嬉闹的。正笑逐颜开，玩得忘乎所以，突然"哇"的一声哭声传来。原来坐在大树底下草地上一个小男孩，一边哭一边用力拍打赤裸的大腿内侧，嘴巴喊着"洽蚁、洽蚁"匆匆往坐在另一棵大树底下的大人堆里跑去。他爷爷看见了，取下衔在嘴里的旱烟杆，站起来迎上前去，一边笑道："无事无事，公公（即'爷爷'）帮你用唾摸一下。'大洽蚁，叮尿奶，唾摸摸，好得矮'，一下便好了。"于是一口带有浓浓旱烟味的唾液，"呸"地吐在手指上，又仔细往孙子光屁股上看了看，把手指上的唾液往孙子的生殖器上抹了抹，再用手一搓说："无事，快去搞（玩）便得！"于是，小男孩又黑又脏的脸上还挂着泪珠，又飞快冲进了他的伙伴群里。

别不好意思。那年头，真没什么护肤品，花露水已是相当奢侈的消费，多数家庭一盒万金油都不舍得买。蚊子咬了，跳蚤叮了，或者什么隐私的部位出现痒痒，我们大人也多是用这个土法子，而且还挺管用。所以这话一点也不色，一点也不黄，是松阳话中很经典的一句"荤话"。

"三十岁拉尿过山冈，七十岁拉尿绕脚杠。""脚杠"指小腿胫骨，松阳话。这话很形象地反映了青年人和老年人的正常生理现象。

健康的男人都会有正常的阴茎勃起，一觉醒来，精力充沛，阳气生发，自然会勃起，松阳人把这叫"天光硬"；憋尿急了，也会勃起，这叫"拉尿硬"。成年男人受到性刺激自然也会勃起。生理学的角度来讲，年轻人勃起的程度高，时间会较长，勃起的次数较多。松阳人有句话是关于新婚夫妻的性生活的俗话，叫"上床一，困圆

（瘗）二、半夜三、鸡叫四"。说的新婚之夜，小夫妻耕云播雨的缠绵，床笫之欢的快乐情景。一夜能有多次云雨之欢恐怕也并不夸张——有道是"春宵一刻值千金"，那是斯文的说法。

"三十拉尿过山冈，七十拉尿绕脚杠"这句话，应该是上山砍柴时男人撒尿的实录。年轻人站在高处可以尿得老远，一句夸张的形容：都可以射到对面山冈去了。老年人则不同了，血管供血不足，勃起自然困难；倘有前列腺病变更会影响阴茎勃起，不是有一句关于前列腺疾病的药物广告词"尿频、尿急、尿不尽……"。年纪大了，人老了，就是"拉尿硬"也硬不起来了，尿尿自然也无力了。尿到最后淅淅沥沥，尿不尽，自然难免会顺着小腿往下流了，小腿骨即胫骨，松阳人叫脚干胫，也有简单叫"脚杠"的。于是就有了"七十拉尿绕脚杠"的说法了。

这类话多出自"日出而作，日落而息"的普通民众之口，其实更多的是农民的口。松阳人叫"揄牛石玄的话"。农村的孩子十来岁就要去放牛，都是三五成群，把牛往田里或山边一放，放牛娃就开始在草坪上、大树底下、小山岗上打闹嬉骂了。几年、十几年，他们长成了汉子，仍然忘不了小时候听到的、说过的这些荤话。

松阳人还是文明的，尽管也难免有"骂娘"的时候，但还是懂得尊重女性。这类荤话很少有拿女性取乐的，即便有，也不是在公共场合大声戏说的，不过私底下骂一句罢了。女性——母亲，怎能随便拿母亲开玩笑？而男人就尽拿自己逗自己，劳作之余，以求一乐，放松心情，消除疲劳。从这个角度看，我倒认为所谓粗话、脏话，无须把它想得那么惊世骇俗，倒完全可以视为是民间俗文化的一个组成部分。

这类话还可以举出许多事。

骂一个人无能，"咋生无用，索卵都不硬"。"卵"松阳话指的是男性阴茎，发音近普通话的"卵"字，也有用"朊"代之。"索"是搓、按摩的意思。阴茎受了外来的刺激，一般都会造成血管充血，很快勃起，就如手淫。而一个人居然连这事都做不了，自然是绝顶无用了。

嘲笑一个人整天空闲、不干活。"最他无道路，一天到乌阴卵样空。"这所说的"卵"，指的是男性阴囊。说得也是，"那玩意"闷声不语，人们看着它在裤裆里真的像是没什么用处，其实"那玩意"却躲在胯下主管生产贮藏精子，那可是头等大事。就和肚脐似的，松阳话还有一句"最他无道路，肚脐样空"。看似也无什么用场，其实，这是玩笑话。肚脐是中医针灸的一个重要穴位，叫神阙穴，别不拿它当回事，其实它们都是有大用场的。

讽笑一个人穷极潦倒，"卵踣了无铜钿摸"。穷到什么地步呢？看吧。"卵"，这是指的男性外生殖器官包括阴茎、阴囊；"踣"，松阳话"跌倒"，引申为"掉了"；"摸"，松阳话"索取，赎回"的意思。外生殖器那可是男人的命根子，这玩意丢了都无钱赎回来，穷到了什么地步可想而知了。与这笑话异曲同工的另一句更是滑稽："尿奶切片，无铜细打揎。""揎"，松阳话读音同"厌"，指的是"比照"的意思。"尿奶"即阴茎，从解剖学专业角度认识，它的横截面是一个圆形，中间有出尿孔，可以想象形似铜钱。这人已经穷得连一枚铜钱也拿不出来了，岂非潦倒之极。

这两个极端的例子充满的是冷幽默，有点令人窒息的感觉。文字功夫十分精到了，以至精妙之处，只可意会而无法言传。这就是松阳话。

"柴多炭多" 的体验

"柴多炭多"是一句松阳俗语，它有点俏皮，有点含蓄。

这话直观地理解，很明白。早年间，松阳民间多柴灶烧饭烧菜，燃料多为木柴；也有用禾草的，那是麦收季节，农家多以麦秆为燃料。为提高能源利用率，几乎所有家庭都会在锅灶边或炉膛边放置一只盛放炉炭用的炭坛。那是一只有裂纹或残次的陶罐，充作炭坛属废物利用。

烧水煮饭时，主妇们在往灶膛内加柴前，会先用火调将炉膛内的炭火取出，放入炭坛，盖上罐口，坛内炭火因空气被阻断进入而熄灭。火调，铁板打成，约巴掌大小，用以铲拨炭火，形似铁铲或调羹，故名火调。炭坛装满了，将坛中的炭倒入一只弃用的大箘筐内，历春、夏、秋三个季节的积攒，这些炉炭大体也够一个家庭整个冬季生火笼取暖和小风炉煮菜所需。松阳人把小风炉煮菜，叫"铜镬烤"，陶制小风炉生上炭火，上面放一小锅煮菜，类似当今的火锅。条件好些的家庭用的则是铜制的小炉和小锅，那就是真正名副其实的"铜镬烤"了。

放入炉膛的木柴多了，烧过后产生的炭火自然多了。当然，不排除一小部分木柴未经充分燃烧而烤（干熘）成木炭。伐薪烧炭的专业炭窑也是这个理——"柴多炭多"。

其实"柴多炭多"这句松阳俗语还有下半句，不过一般都不会明说——"饭多屎（屙）多"。连在一起的意思就是：就像镬穹（即炉灶）烧火，放进去的柴多了，烧出来的炭也多；一样的道理，哐进去的食物多了，拉出来的屎（粪便）也就多了。此话多用在嬉耍、调侃的场合。幼儿拉屎都由大人抱着，倘是那天胃口好吃得多，拉了一大堆"便便"；或是一天到晚拉二三次，而且数量都不少，那么奶奶或者外婆就会一边给孩子揩屁股，一边含笑嗔道："柴多炭多。生大堆屙，臭死了。"成年人遇上吃多拉得多了，也会自嘲道："象

早年间，大小镬灶都是烧柴火的

真是古老言讲的样，'柴多炭多'。屎桶间（松阳话指厕所）去了好两回了。"

这些年，各类媒体开出的各类保健养生节目，都会说到各种保健常识。什么"管住嘴、迈开腿""合理饮食、适当运动、放松心情"，还有什么"少荤多素"的金字塔式饮食结构，什么"早饭吃得好，中饭吃得饱，晚饭吃得少"。专家们讲得头头是道，现场听众们频频点头、连连称是。其实，倘是你有心将这些专家的观点全部罗列，你会发现专家们的许多话就是"相生相克"即互相矛盾的。"公理婆理"各有一套，还真让你不知道听甲专家、乙专家还是丙专家的。

也有专家说得很得体——"最好的保健专家是你自己，最好医生也是你自己"。我倒信这一条。

积退休前后数十年的体会，形成了一套"歪理"，还试着用一副并不工整，而且连所谓"仄起平收"也不拘的"对联"，描述自己的日常生活。上联是"青菜豆腐红烧肉"，下联是"扑克走路冷水浴"，横批"健康快乐"。具体而言，我的饮食是不太素不太荤，也不追求"饥饿感"，尤其是并不讲究所谓"晚餐七八分饱"；每天走路七八千步，经常约几个朋友打打扑克（很干净，不沾铜臭），同时一年四季坚持冷水浴。托老天爷的福，自 20 世纪 90 年代至今，还算平安，至少，能保持"吃得快、睡得快、拉得快、走得快、说得快"的最低标准。

像许多大妈、阿姨一样，我太太也是《养生堂》《健康之路》之类节目的忠实观众。到了那个点，一定会拉上本人陪看。潜移默化之下，我也自然有了些"提高"，开始照着那些养生之道先试试了。其中，最具体而又容易做到的要算"晚饭七八分饱了"。于是，一般时间，每晚都会少吃小半碗米饭，也少吃一二块红烧肉。未曾想，真的有变化了。

一直来，我每天早上五点多笃定起床上厕所，二三分钟，很是顺畅地"办完大事"，然后一杯温水落腹，轻松愉快出门走路。自从晚饭减量后，晨起"那事"可麻烦了，每次坐在坐便器上瞪眼咬牙憋得满头大汗，要么啥也出不来，要么出来极小几颗巧克力豆般的。有几天走完路再去试试，心想大肠蠕动加速，总能有利排便。可是仍然不行。

这种状况持续了不止一个月。偶然有一天，中餐和晚餐都吃得多了点，尤其是晚饭时，说是别再剩菜，把一份什么菜（我记不起什么菜）吃完了事。于是，又一个"未曾想"，奇迹出现了。第二天清晨刚过五点，我就着急起床如厕……啊，那种久违了的畅顺，二三分钟卸完"包袱"，我都简直有点欣喜若狂了，一种"解放"

了的感觉。

　　于是自打那天以后，我不再纠结晚餐那小半碗米饭和那一二块红烧肉，到底是吃还是不吃。总之，一日三餐不再刻意少吃。由于饮食方面的一切照旧，早起如厕的从容也已然恢复。

　　此后不久，又听到一期《养生堂》，专家讲述结直肠的保健，其中有一个说法（大概意思）是，人清晨能自行醒来，起决定作用的是直肠有排便的需要，反馈到大脑，大脑神经指挥人清醒过来；直肠内的渣滓只有积到一定量才会有排便的需求；摄入的食物少了，隔天排便一次也是正常的。

　　听了这位专家的一番理论，我猛想起了"柴多炭多"这句松阳俗话，感慨尤甚——老祖宗，智慧啊！"柴多炭多"，科学啊！

　　其实有的松阳民谚还真的体现了松阳人的智慧。我最欣赏的是一句最土的关于养生的话，"一日三样大事干，吃饭拉屙困"。此话无论是从西医还是中医的角度看，都堪称至理名言，一个人倘是饮食正常，排便顺畅，睡眠时间有保证，何尝不是身体健康的重要标志呢？所以，这"三样事干"是否办得好，是最被松阳人看重的。

　　无论什么养生保健方式，适合自己的，就是健康的科学的。

猫儿抄食箩犬造化

"猫儿抄食箩犬造化"这话和"鹬蚌相争"是差不多的意思，鹬蚌相争是渔翁得利。那么，何为"猫儿抄食箩犬造化"？

先说一说"食箩"，现在的年轻人大概只能在戏曲影视里见到。例如，某官宦人家或是某大财主家有人做寿，送礼的会抬着食箩前往。这种木质食箩一套有两三层，每层都是一个长方体木盆，长约三尺，宽约一尺五寸，高五六寸，每层可放置食品或其他物品。

食箩这种装盛食物的器具，松阳民间有圆的，是竹篾编成，底嵌木板；有方的，硬木头材质，边饰雕花。两种食箩都经油漆。竹编的可挂、可拎，木质的可抬。一般小康人家都备有，是竹篾编的。大户人家则有木质的，因为可以扛抬，故又称"扛箩"。当年也有外卖，饭店酒家遇有人订餐，届时会有堂倌拎上装盛所点菜肴的篾制食箩，及时送至府上。一般人家饭后有剩菜多有放入菜橱（松阳俗称"碗格橱"或"碗厨橱"）；也有一些上点档次的所谓"好菜儿"，就会放入食箩。因为食箩是竹篾编成，且悬空挂着或高处放置，更加通风透气，利于保存。

可是别忘了，家中的狗和猫，也如《猫和老鼠》中的汤姆和斯派克，一天到晚嬉耍、追逐、闯祸。看着主人把美味菜肴放入食箩，以备下顿之需。这猫心想可算是轮到我大快朵颐了。主人转身刚走，它就急不可耐地纵身一窜，跳上放着食箩的高处，尽力去掀开食箩盖。这狗在下面看着，那个馋啊，它真妒忌。这馋猫怎么有天生一套"上枕索竹"（即爬高）的本事。这狗正馋得舔着舌头，直流口水，猛听得"咣当"一声，原来食箩被掀翻了——一只大蹄髈蹦出被掀了盖的食箩，掉在地上。真有"天上掉蹄髈"的好事。狗一口叼起大蹄髈，飞快就往外蹿，待这笨猫反应过来，正在瞪眼干着急时，已经是很悲情的结局了——"汤姆"招来的是硕胖如熊的女主人一顿暴揍，躲在一边装无辜的"斯派克"则打着饱嗝，朝"汤姆"做了个鬼脸——你不懂松阳话？这叫："猫儿抄食箩犬造化！"

扛箩、食箩是大户人家存放食物的器具

人世间，这类"猫儿抄食箩犬造化"的事也常有发生。家中孩子多，年龄相差不大，这是早年松阳城乡普通人家的常态。松阳人叫"家口重"即吃饭的人多，老幺吵着要零食。其实，除应季的瓜果小吃外，那年头还真没有什么零食，被吵得不耐烦了，当妈的会去厨房拿出一小截玉米棒（松阳人叫"嫩苞萝儿"）或者一小块蒸熟的红薯（松阳人叫番薯）塞给老幺。又会将另一小块递给在一旁看着等着的老二或老大，一边笑嗔着："厄相得（不用看）。'猫儿抄食箩犬造化'。各人一份，都有。"然后又急匆匆干活去了。

说来也巧，2018年9月，我们几个朋友也得过一次"猫儿抄食箩犬造化"的好处。

几个老朋友相约去体验一次邮轮的休闲和享受，报名参加某个邮轮之旅，也按报价交完所需费用。可巧，当晚一个朋友的儿子从网上查到这个航班旅行费用最新的报价。这位朋友"立刻马上"拿着儿子提供的信息，找到旅行社的老总，请他按最新报价收取费用，所幸旅行社老总也挺讲诚信，也是"立刻马上"电话联系邮轮公司。于是，皆大欢喜，按最新报价我们得到了差价退款。第二天老朋友小聚，议论出行的事宜，我对那位朋友说："全靠××（他儿子）顾事，勿是的话，这次要添不少钞票。象真喊'猫儿抄食笋犬造化'了。"松阳话"顾事"有"仔细""周全"的意思，"勿是"即"不然"，"添"即"加"，"象真喊"即"真叫"。翻成普通话，就是"全靠你儿子仔细，不然的话，这次（旅行）可得多花不少钱。这真就叫'猫儿抄食笋犬造化'"。其实，这比喻也不妥帖，这可是"皆大欢喜"的事，朋友他儿子"带携"大家了。

那年头，"抱一个，牵一个"常见的

（王芬天　绘）

184

紧砻慢磨

"紧砻慢磨"是传统粮食加工过程中的一句行话。磨，石磨，石磨上下两片皆石头凿成，见过的人一定还不少。可是对于砻，四十岁以下的人恐是听都难得听到了。

砻，适用于谷物去壳粉碎的工具

（卢朝升 供稿）

早年间粮食加工多由水碓、踏碓和砻房完成。机械碾米在松阳普及前，松阳城乡有不少水碓，比如县城北门有破樟树水碓，东门有甘露堂水碓、蛙蟆垄水碓，西门有官塘门水碓。踏碓则恐是每个村都有。水碓以水流落差冲击月轮，月轮的轮轴旋转，击压石夯舂捣石臼内稻谷，去谷壳成稻米。踏碓原理同水碓，只是以人力脚踏石夯捣稻谷成大米。而城东大市路，城西官塘门、西市下一带有砻房多家。用现代的话来说，就是"糙米工坊"。

砻，近于石磨，上下两爿组成，下爿固定，中间有轴头连接上下两爿，人力推动上爿旋转，上爿有进料口。本人所见松阳本地的砻，则是上下两只篾条编成的圆笼，尺许高，笼内填满干净黄泥，咬合的两面均匀嵌上寸段的竹粒，且成放射线状旋转排列，利于往外送出砻过的谷物。谷砻推动慢了，容易将谷粒碾碎，影响折率。是故砻谷要快。经由砻出的大米，仅仅脱去一层谷壳，米粒外层的包膜松阳话称"米皮"，仍然完整包裹米粒，这种米很糙，松阳人称"砻糙牯"。松阳话的"牯"即"公"，"牯"有大的意思，动物雄性比雌性的个体都显大。仅去除谷壳的米粒，比之去掉米皮的精白米，粒大且完整，借用"牯"字，很是形象且又幽默。这我是对"砻糙牯"一词的歪解。

早年间吃"砻糙牯"的多是赤贫人家，这糙米不仅稻谷出米率高，而且用来煮饭的出饭率也极高，用以果腹，又经饱又耐饥。当年流行一句炫富的民谚曰："咥勿愁用勿愁，白米饭磕鼻头，铜钿钞票当枕头。"那年头有白米饭吃，是很惬意的了；而"铜钿钞票当枕头"，则大多是"白日梦"而已。

说过几句题外的，再言归正传。

砻谷时得有一定的速度。松阳话"紧"，是"赶紧"的意思，也就是"快"的意思。推得快了，稻谷在砻齿受的压力和压强都会少些，砻出的大米就完整粒大。而石磨是将谷物如麦子、玉米、大米或豆子等研磨成细末即"面"，磨盘推得快了，谷物承受的压力和压强少了，则不容易磨出细粉，出来的多为粗粒；推慢了，磨盘的压力、压强加大了，磨出来的粉就细了。所以砻谷物要快（紧）些，磨面则要慢些，即"紧砻慢磨"也。

其实，提高原粮加工的折率，也是现代粮食加工企业一以贯之的追求。记得 20 世纪五六十年代，比较普遍的标准是所谓"八一大米""九二面粉"，即一百斤稻谷加工（碾）出八十一大斤米；一百斤小麦加工（磨）出九十二斤面粉。当年市场上销售的"八一大米"和"九二面粉"，都是质量蛮不错的粮食。

星移斗转。一个"甲子"过去后，好多事情都倒了个个，松阳话叫"调转做"了。这些年，各种保健常识充斥于耳，什么"不能吃得太细""得多吃（显然应该是'适量'）杂粮，例如玉米、荞麦、小米、红薯等等"。而且有专家还给出了数据，每天要吃多少种食物，其中粗粮多少；不能吃得太精，特别

踏碓，是用人力舂碓谷物的工具

提到精白米、上等白面，说是内中什么元素什么营养物质被最大程度破坏，专吃白米、白面甚至可能诱发何种疾病，云云。于是，这松阳人俗称"耸糙牯"的糙米，身价狂飙，超市货架上摆放的糙米居然卖到二十多元一斤。哇！别说贫困家庭，就是工薪阶层那也只能是"望糙兴叹"啊。

真没想到，吃糙米竟成了地位、身份和财富的象征。不过我又想，倘若一个出身贫寒的人，如今竖着大拇指、仰着头，嚷嚷着："当年我爷爷那辈也是吃糙米饭，喝苞萝（玉米）糊过来的！"恐怕就会被讥为是现代版的"阿Q"了。

精彩的形容

松阳土话中有许多形容词十分生动十分形象。先看组关于颜色的词语。说"红",松阳话多会用"绯红"一词;说到"绿",总是"碧绿"两个字连着用;而"黄"则用"艳黄"一词,黄颜色真的是很艳很夺目的。

其中还有不少词语与其反义词成对读来,十分上口,显得轻松。

例如:墨乌—雪白。松阳人口语一般不用"黑"字,多以"乌"字代之,除了"黑板""黑色素""黑帮"等专用词。盛夏烈日下待久了,白皙皮肤被紫外线照射变黑,松阳话就说"雪白的手膊袋,晒墨乌了"。与之反义的词"雪白",一个是墨一般的黑,而另一个是雪一样白,反差大了去。松阳话"手膊袋"即"手臂"。

铁硬—面软。铁硬,形容物体的坚硬,或者人的态度的坚定,用硬度很强的铁来形容,很适当;而软的则如面团,又十分形象。其实写"绵软",照样贴切,现代汉语不是有"软绵绵"一词吗?

蜜甜—尿苦。甜如蜜是很爽口的;而苦涩如尿液,则令人反胃恶心。熟悉的水果如桃、梨、杏之类,咬过一口,就是赞道:"这桃儿(梨儿、杏梅)象真好哇,甜蜜咯。"中草药汤液,则多苦涩难喝,孩子都极不情愿喝中药,大人就会一边强行喂食一边哄道:"苦茶儿,尿苦咯,宝宝勿喝,倒去饲犬啦!"松阳乡俗,药汤不能一饮而干,最后一点渣汁要往门外或天井泼去,以示药到病除,从此不再喝苦茶儿。

喷松—劲韧。酥饼,松阳人叫"松饼",不独"金华酥饼",松阳酥饼同样也很酥脆(只是都因为少了倡导和坚持,始终未能形成规模生产。而并不盛产粮食的缙云、遂昌、青田三县，却都分别有桶饼、粽子和糯米年糕成为名噪一时的地方产品。这是题外话了）。松阳话则叫"喷松"，一口嚼下，酥脆，口腔里都觉喷洒出粉状的细末。"这松饼道地，一口咬落去，喷松咯。"而年糕、青馃（清明团子）、麻糍之类，则又讲究有嚼劲、有韧性。松阳话叫"劲韧"，类同"筋道"，写成"筋韧"也未尝不可。"韧"松阳话音读若"认"，例如"该年儿（今年）的米果好，十分劲韧"。

滚烫—冰清。这组词可称为冰火（冷热）两重天。刚烧开的滚汤（即开水）不消说，是烫极了。而要说冷，自然状态下当数冰了。松阳话"冷"叫"清"，读音若"参差"的"参"，类于"cén"。而"冰"除了作为形容词有"bìng"的读音外，如"冰凉"。还可作名词，松阳话除一些专门的外来的如"棒冰""冰箱"之类外，多读作"jiáo"，有写作"潐"的。水在零度时由液态成固态"潐"，即冰。也有写作"潐"。

燋燥—粥洽。"干燥"是现代汉语的一个词语。松阳人一般不说"干"字，多用"燥"字。所以松阳话词汇里少有"干燥"这一说法，而是用更夸张的一词，叫"燋燥"。都干燥到要"燋"了，还不"燥"吗？太有意思了。而"湿"，松阳话读作"洽"，发音若"qià"。"粥"，稀薄多汤。水分多如"粥"，则短时间内是难以干燥了。如"衣裳粥洽，一下也燥勿了"，就是说"衣服那么湿了，一时半会也干不了"。

再看一组以"ABB"形式出现的叠字形容词，读起来更是朗朗上口，节奏感极强。

还是先看一组关于颜色的形容词。

红耀耀，多指太阳光。"天光早，日头红耀耀"，就是说"清晨，太阳红耀耀"。

红腊腊。"腊腊"很文雅，"战旗腊腊"。松阳话则多指成片红红的颜色，如"支标花（即杜鹃花）满山开起，红腊腊一片真漂亮"；又如"文革"期间，团圈都是红旗、红纸标语，红腊腊边一片，真像是红色的海洋。"团圈"，松阳话即"周围一大圈"，也就是"到处""四周"的意思。

绿苂苂。以沙滩上成片的苂草形容成片的绿色。其实，我倒觉得写成"绿汁汁"更贴切些。以绿叶蔬菜的菜汁的颜色来形容，十分到位、十分生动。

乌漆漆。松阳话"乌"即"黑"，"漆"也是黑色的。如漆般的黑，形容黑的效果则一定更强了。

白刷刷，指的也是成片成片的白色。过去，有白粉墙的人家是很令人仰视的："白粉墙刷起咯，白刷刷一片。这厝（房子）派头大咯。"松阳人将石灰浆粉刷过的墙面称为"白粉墙"。早年间多大户人家才刷得起白粉墙，大多民房都是生泥夯打的黄泥墙。沧海桑田，数十年过去了，如今城市里到处是水泥砼结构的高楼，这松阳到处黄泥墙民居倒成了稀罕之物。原来"鬼不拉屎"山头旮旯，如平田、西坑、杨家堂等等深山古村，因为有不少黄泥墙的泥木结构房子，引得京、沪、杭那些大都市"80后""90后"的白领精英趋之若鹜。他们总想着来体验见识这种黄墙青瓦的土坯房子，所谓冬暖夏凉，所谓生态环保。

下面是一组形容物体性状的词，也蛮有意思。

嫩冻冻。冬天，肉汤冷凝成"半固状"的肉冻，滑嫩嫩的。用来形容物体的软嫩，类似于"弹指可破"的娇嫩的意思。

硬壳壳。"硬"呢，用甲壳去比喻，如"龟壳""蟹壳"之硬来形容，简直是"绝配"。

松喷喷。这个词其实有两层含义：一是形容某种糕点酥松可口，一口咬去满嘴酥香，口腔内食物成细末状喷将出来，就是"松喷喷"的最经典的解读，"这饼喷松喷松略"；另一层含义是"很轻松"的意思，类似于时下流行的说法"轻松搞定"。例如："他学过武术，一个人打二三个松喷喷。"或者，分配的某件重体力活，某人很轻松干完了，举重若轻，他会说："这点道路，松喷喷喂，消不得几下便的了。"

实轧轧。很形象，如衣物、纸张经过挤压后，自然紧实了。而用于描述食品，它和"松喷喷"对应，例如馒头发酵不好，蒸出来不松软，主妇就会惋惜道："这次馒头不曾发好，咥去实轧轧的。"

施洒洒。用来形容屋里的东西没整理好，四处散落，或者室外垃圾没及时整理，满地脏乱的光景。孩子放学回家，做完作业，学习用品没整理好，家长就会在一旁叨唠："作业做好了，书、簿、铅笔都施洒洒勿曾园好。来不逮便去搞了。"和"施洒洒"意思相近的还有"扑洒洒""散花花"。"扑洒洒"不同于"随处乱放"的施洒洒，是表示随处掉落的意思。"扑"松阳话同"补"，读若"buò"，掉落的意思。"散花花"则是四散不整齐的意思，"花"读若"fá"。

"笑欢欢"和"躁烘烘"这组词也有意思。

"笑"，松阳的话读若"qáo"。现代汉语的"欢笑"一词来个倒装，成了"笑欢欢"。形容人十分开心，欢笑不已。而"躁烘烘"则是其反义词，词义是很是生气的样子。松阳话把生气称为"躁"，"躁起了"就是"生气了"。带上词缀"烘烘"，则表示很生气的样子，都到鼻孔出气的地步了，松阳话叫"打鼻头铳"。

清冻冻。松阳话"清"即"冷"。除了一些专用词，如"冷宫""冷库"之类，松阳话很少用"冷"字。"冻"，液体遇冷凝固，如"冰冻""霜冻"。"清冻冻"翻成普通话就是"冷飕飕"的意思，更多的是一种有点冷的感觉，还远未到"严寒"，即"起霜硬潽"的地步。

与之相对的"暖烘烘"，现代汉语中也常使用，而"热乐乐"

就是松阳土话了。例如："大冬的日子，一碗热乐乐的粥落腹，十分舒服。""热乐乐"和现代汉语中的"热乎乎"是一个意思，都很有生活情趣，"热乐"或者"热乎"都让人感到家的温暖。

破碎碎。类似普通话"破破烂烂"的意思。字面上看，"破""碎"是玻璃、陶瓷之类易碎器物破了碎了。松阳话中多用指衣物破烂，如"补破碎"就是指的缝补破衣服。衣衫褴褛用松阳话说就是"衣裳破碎碎"了。

蛮吊吊，不服管教不听使唤，多用于批评蛮不讲理的人。"这小鬼十分蛮吊吊，连老师讲的都听不进去"。

小笃笃。松阳的方言形容物件或人十分"小"的意思，例如"这小侬儿小笃笃，还好戏嬉儿的"。"小侬儿"即"小孩子"，意思就是这孩子还挺可爱的。或者"你望他小笃笃，个头不大，力气不差咯"，意思就是"别看他，个头不大，力气可不小噢"。

软疲疲。指累了，总提不起精神。

糊答答。一种黏乎腻人的不舒服感觉。吃饭前，大人总会对孩子说"手骨（手）糊答答，先洗净洁再吃饭"。

淛答答。直往下滴水（液体）。浑身上下汗滴答答，给人不洁净的感觉。

阔茫茫……

毛蒂蒂……

老笃笃……

松阳话里还可以举出许多此类词语，恕不详列。

而与之相对的还有"AAB"这种组词形式的，如"答答淛""蓬蓬起""大大堆""日日归""日日着""破破碎"等，就留待读者诸君闲暇时自个去品味吧！

从"犬娘带群"说开

狗的繁育能力强。一般，一只母狗一窝能产五到八只狗仔。据报载，最多的有产十八只狗仔的。

松阳乡村人家多养狗，城里养狗的少些。刚产完仔的母狗走动了，肉乎乎的狗仔，成群地跟在后面，有的小狗仔还会叼着狗妈妈的奶头，边走边吮。松阳人把母狗叫"犬娘"，这就是有趣的"犬娘带群"。如今，要养宠物都会到宠物商店去购买，"犬娘带群"的现象也就难得看到了。

其实，这话更多的不是用来说狗的，而是用以形容一个母亲拖儿带女艰难生活的情景。

（一）

看到过一篇博文，说是东北一些屯子里按辈分称呼怕分不清满街的"三叔四婶五姨六舅"，只好加特殊的前缀，比如"木匠三叔""罗锅四爷""算盘六舅"，以便旁人厘清。其实不只东北农村，江南乡下也有这般接地气的叫法，我太太有兄弟三人，姐妹六人，为了方便侄儿外甥们称呼，除"大姨""小姨"外，中间的四位姨妈分别是以住地和职业称呼，如"岗下娘姨（姑）""瓦窑头娘姨（姑）""太平坊弄娘姨（姑）""教书娘姨（姑）"。大家都觉得十分合适，几十年了，一直这样叫着。

20世纪五六十年代，甚至更早些年，无论城乡，多子女家庭不在少数。尽管松阳有谚云："三牛难揄（驭），五口难供。"就是说一人要放牧三头牛，会照看不过来的；而一家五口人，过起日子

"大娘带群"的形象诠释

（王芬天　绘）

来会很困难。"供"，松阳话"供养"的意思。但是育有四五个孩子，一个家庭六七口之多，在松阳无论城乡，都是常见的。那会没有计划生育，生儿育女完全是自然状态。有的家庭，已有三四个儿子了，做父母的总想要个"贴心的小棉袄"；而家有"五千金"的，又总想着能有个继承家业的"忤逆子"。所以，不少家庭常常是老大都能打酱油了，老二才刚会走路，老三呢还在摇篮里躺着了，甚至还有老幺嘛是哺乳中的婴儿。

我是老幺，却也有"打酱油"的记忆。上街打酱油，除了能"名正言顺"地上街溜一趟外，更在意的是买酱油找零的那个"一两分钱"（20世纪50年代初是"一两百元"）。所以有打酱油的"任务"落我头上，我总会很快接过酱油瓶子，一蹦一跳就往街上窜，很是开心。

在街上、在村口、在凉亭，四五岁的孩子拉着妈妈的衣角，当妈的则一手牵着一个二三岁的，另一手还会抱着一个刚断奶或者还在吃奶的，这是最常见的场面。刚巧碰上熟人，打过招呼，对方都会先逗一下孩子，夸上一句"象真会"，就是普通话"真乖哦"，然后对着母亲唏嘘："苦死了，犬娘带群的样，无一下清净。"这位仍然年轻的母亲则苦笑道："哪侬办法呢？日子便是生过喂。"然后各自离去。

赶上当妈的事多，挺忙的，那场面就更是充满戏剧性了。例如烧晚饭前后一段时间。妈妈刚将躺在摇篮的孩子哄睡，连忙来到厨房淘米、生火，正在往炉灶里加柴火，烧旺了炉火，正准备洗菜。这时，一个刚会走路的孩子一晃一摇地赶过来，扯着妈妈的衣角，告起了哥（姐）的状，说是把自己的什么玩具抢走了（其实那年头哪来什么像样的玩具，不过几张小纸片或是小石子之类），此时，当妈的绝对是一通乱吼："你些吵死鬼（更凶的还会骂上一句'畚箕掣'），死开些（即'滚一边去'），望弗到妈生慌咯（没看见妈正忙吗）！"其实，一般农村多子女的人家，日常生活忙乱中，真不像一些影视作品中表现的那种"田野牧歌"式的祥和谦让，喜怒打骂是正常的真实的生活。

（二）

上述是大背景式的画面，下面这句则是一种细节的描述。

"小鬼拕（拖）大鞋，跌倒一遭柴。"这话极具画面感，字里行间迸出十分卡通的场景。

可以说，无论你多大年纪，这场景幼时都有经历。只是这二三十年来，它的后半句少有再说，代之的是父母或祖辈对"小鬼"的赞扬鼓励，然后开心地大笑："宝贝本事真大！"

二三岁时，胖乎乎的小脚丫，拖着一双大人的鞋子，在屋里来回走动，会很开心。早年间，一般人家也就一两双布鞋、胶鞋或者

"小鬼拖大鞋，踏倒一遭柴"

（王芬天　绘）

木屐，少有人家有皮鞋、雨靴之类。小孩拖上大人的鞋，步态蹒跚，行走不稳，难免跌倒。那年头，父母长辈教育幼童使用率最高的几个词就是"听讲""了事""裁定"，孩子拖着大人的鞋子而至跌倒（且不管是否踏痛），在大人眼里都属"弗听讲""弗了事""弗裁定"，自然免不了受到责罚。于是"跌倒一遭柴"也就顺理成章了，就是说要挨一顿打了。这个"遭"字，很斯文，戏文常有这样的台词，"去至××走上一遭。"这里的"遭"是"趟"的意思，而本句中的"一遭"是"一顿"的意思。

松阳人教训孩子多用小竹枝或小树枝，松阳话叫"撩枝（细）"。更具威慑力的当数杉树枝叶，它带刺，土话就直接叫"杉刺"。城里人家无"撩枝（细）"，多用"火篾"充作戒具。火篾，做火把照明用的薄篾片，山区人多用废弃的毛竹梢，剖成长约八十厘米，厚约二毫米，宽度即竹筒的厚度一般二厘米左右。浸入水中，十余天，捞出晒干，至三浸三晒，然后打捆成碗口大小一束，至杂货市（行）出卖。

父母多情急之下，操起"撩枝（细）"，高高举起，然后一声叹息，接着欲打辄止。就如京剧《三娘教子》中的三娘王春娥一般无二，"手执家法，高高举起，轻轻落下"。有点痛——起到惩罚的作用，又伤不了皮肉——自己的孩子自己教（疼）。类似的意思，松阳话还有更精彩的，那叫"脚大弗给别人的犬咬"。

长辈惩戒子女最常用的方式"非打即骂"，那已成过去式了。如今已绝无"打骂"一说，即便孩子犯了错，也是一口"宝贝"在先。直叫得孩子到了青春期，大胆提出"抗议"——"不许再叫'宝贝'，我有名字啊！"妈妈则是很不情愿地答应道："好了。妈妈不再叫你宝贝啦。"

（三）

狩猎捕捞也好，刀耕火种也罢。农耕社会艰难生活的先民形成的价值观是很现实的，强壮的体魄是获取更多食物的重要保证。

于是追求多子女，尤其是家里要有几个体格强壮的男人，成了社会常态。那年头，能吃饱穿暖就算是好福气了。如果家里能有几个干体力活的男人，丰衣足食就有可能由奢望而成现实。"多子多福"也就理所当然成了全社会公认的价值取向，也因此"犬娘带群"的现象就不足为怪了。

与上述演绎相一致的，是另一句很有生活感的松阳土话："女眷生弗悾，男儿担弗悾"或"女眷弗悾生，男儿弗悾担"。"悾"，松阳俗字，"怕"的意思，发音若"guàng"，如"悾生当"即"怕生"。生，指的生儿育女，这当然是女人引为骄傲的天职。担、挑担，从田里往家担谷稻，从山上担柴下山。

"十月怀胎，一朝分娩。"其间，女人的生理、心理负担，乃至分娩时的阵痛，都是常人尤其是男人所难以想象的。然而，这又是为人母所必须承受的。所以，有个感恩的说法："你的生日，就是你母亲的受难日。"

曾听到产科医生说过这样的笑话。

为放松产妇的紧张情绪，手术前医生和产妇之间，会有些交流。某产妇产前阵痛难忍，大呼小叫，直把丈夫骂得个彻底："你个无好死咯，让你害死，我要痛死了！再也不生啦！"在这时，在场的医生、护士都会你一言我一语地调侃这位产妇："早知道要痛死，当初干吗去了。""这回知道痛了，出去又忘记了。""弗生啦？二个三个都还要生，再多也生不吓。"说笑之间，随着"哇"的一声啼哭，一个大胖小子（丫头）幸福地来到了人间。

这类故事绝不能简单地认为是开产妇的玩笑，其实从医学伦理的角度看，这是一种医学关怀。产科医生、护士还可以说出很多这种笑话。

农耕社会，挑担是最多见的劳动方式。松阳话所言"担担搁搁，男子家的道路"，意思就是挑担这类活，男人的事。种子肥料，要挑往地里；打下粮食，又要挑回家储藏。男人体格强壮，荷锄耕耘当然是本分了。为了一家人的温饱，日出而作，日落而息，那是男人（雄性）的本能，有何"怕"何"吓"可言呢。

"女眷生不吓，男人挑不吓"这话，正表明生存和繁衍是人类两大本能需求，不存在"吓"一说。"饮食男女，人之大欲存焉。"唯其有此两大"欲"，人类社会才能生生不息，世代延续至今日，才会有如此繁华多彩的人类社会。

"木勺补板壁"种种

记得20世纪60年代初,看到过一本《爱国学生运动革命歌典选》。其中有一首《古怪歌》十分有趣,歌词简直妙语连珠。且看这第一段歌词:"往年古怪少,今年古怪多。板凳爬上了墙,灯草打破了锅;太阳西边出,月亮东边落;天上桫椤地下栽,河里的石头滚上坡。"用以讽刺揭露国民政府统治专制独裁、压制民主、颠倒是非、混淆黑白的种种恶行。歌词中唱到的一件件一桩桩违反常识,有悖规律的怪事,似乎都会出现。

类似上述歌词中充满黑色幽默的诙谐之言,稍加留意,松阳话里也比比皆是,比如前文所提到的"木耳扑落汤罐""拉屎撮到炒豆",还有"猫儿抄食箩犬造化"等等,听过都会令人忍俊不禁,失声大笑。

不止于此,还有更精彩的,不妨一看。

(一)

"木勺补板壁。"木勺,一种舀盛液态食物的器具,半球状,中空,壁厚约五毫米,有柄,多用直径盈尺的松木段挖凿而成。今已无"木勺",市面上多有塑料(木)勺出售。

木勺

谁会想到用木勺去补板壁呢？木勺就如挖去瓜瓤的西瓜皮，板壁却是平整连片，两者是绝对拼不到一块去的呀？于是，"使不可能为可能"的喜剧效果就出来了。

松阳城乡，家里人口多的，厨房里多砌有置三口锅的大灶台，一端靠墙，三面凌空，靠墙面设有灶王爷的神位。一般而言，三口锅一字型排列，"外镬汤，内镬潗，中央镬饭"。外镬直径稍小，约二尺，锅盖上放一只木勺，舀热汤，供家人晨起洗与漱；内镬盖上也覆一只木勺，那是舀猪食用的。农耕时代，猪食多泔水加蔬菜叶（番薯、洋芋），加米糠烧煮而成。松阳县人将其称为"猪潗"。"潗"松阳俗话，专指猪食，泔水桶（缸）叫潗桶（缸），米泔水叫"潗水"。

乡村人家早饭都会多煮些，连同中午饭。先将米煮至米粒开花，稍后，即用笊篱捞出大部米粒放入饭甑，留下的米汤和少量米粒继续煮十来分钟，成稠稠的稀粥，用木勺舀出至一大甑，以备早餐食用。然后将锅涮干净，舀入冷水，放入盛饭的甑，隔水大火烧十多分钟，蒸至捞出的干饭松软喷香，松阳人叫淖饭。这饭够中晚两餐全家食用。

我当农民那会，同生产队一个小伙子，书没念几年，但头脑很灵光，说起话来俏皮幽默。一天，开工前，正在灰寮边享受"田头福"，一中年男子叫道："咋生弗牢的，布裤头儿补起无几天，又破了。"这时，那个小伙子近前一看，言道："你个（这）人，用电焊枪补起便千年牢了喂。"言毕，引得哄"寮"大笑。幽默的效果可比"木勺补板壁"。

"田头福"，也叫"落田福"，是松阳农村一种生产习俗。农民来到田边，下地干活前，会在灰铺（寮）或田头大树底下小憩片刻。或吧嗒吧嗒吸上一袋烟，或去到灰寮角落撒一泡尿，也有扯上几句闲话打发的。倘有好几个人干活，年长又有经验的老农会就当天所干的农活，做些具体的指导和布置。合作化以后，就由社长或者队长充当这"场外指导"了。这短暂的清闲，也是一种享受。所以有"田头福"（或"落田福"）之称。此俗至农业合作化后一直延续。

这"木勺补板壁"还有另一说，那就是"木勺爬板壁"，就当它是一个笑话。某日，某主妇四处找寻木勺而不得，问丈夫可否看见，丈夫答曰："木勺爬板壁上去了。"遂大笑。比对《古怪歌》歌词"板凳爬了上墙"而言，真巧合也。是故，说成"木勺爬板壁"也无不可，反正都是"异想天开"。

（二）

要说勉为其难的事，还有更匪夷所思的，那叫"竹筒儿贮屙"。

"竹筒儿"也叫"竹滚儿"。将小竹节一头锯去，成三五寸长的竹筒。可贮放东西。例如，孩子们多将炒熟的玉米粒、豆粒装在竹筒内，拿出去和同伴分享。将竹筒外面的竹青削去，打磨光滑，不再刺手，民间多作量米的米升用，一般以一斤大米的容积为准。

还有酱坊舀酱油的提子，也是竹筒做的。那是留有长柄，容积大小不同的小竹筒。早先

20世纪70年代，县城还有挑着酱油担沿街叫卖的

松阳各酱坊舀酱油都用它。穿街走巷挑着酱油担的小贩，也用它舀酱油。有二两的、四两的、半斤的，大小各异。

2020 年 10 月，在丽水市鱼跃公司，看到公司陈列室里有古老的酱油担，上面放着二只酱油提。

以我的理解，"竹筒儿贮屙"这话，和"拉屙撮到炒豆"一样，是一句嬉耍幼童的玩笑话。现实中使用，则多以讽喻某些人，他们总是干些事倍功半、吃力不讨好的傻事。

竹筒儿，过去松阳城乡常见的儿童玩具。想象中呈现的场景是这样的：村头，大场院，有幼童在嬉耍。有一人内急，往一边拉屙。便秘，屙成羊粪状。这孩子将羊粪状的干屙，一粒一粒往手上的竹筒儿里面装，而且神情专注……那样子，就跟孩子尿完尿，然后开心地将尿液和着地上的沙土，搅拌成泥浆一样，玩得忘乎所以。

玩，是孩子的天性，只是大人们应该有意识地让孩子在玩耍中能规避危险。

这是孩子闹着玩。大人呢？能将这"屙"往竹筒（儿）里贮放吗？纯属扯淡了。于是，就有人吼开了："你个（这）人，做点道路（干点活）'竹筒儿贮屙'的样，便是空缠喂，走开些（一边去）。"对大人而言，这话就是一种批评，一种指责——"有你这样干活的吗？"

（三）

种种的意外，种种的不可能，就会有许多生动的说辞，这就是土话（方言）的博大之处。

"雨打鼻头窍。"鼻头窍，松阳话，鼻孔的意思。鼻孔是朝下的，大雨滴是往下落的，自由落体运动嘛。往下落的雨点，怎么就会打进同样朝下的鼻孔呢？这就得有一番想象，一番有过类似生活经验才有的想象：春末夏初，收割完麦子，麦田马上翻耕成了水田，准备播种水稻。一日，正在插秧（松阳话叫"插田"），腰弯得几乎成九十度，低头看秧苗是否"横平竖直"。瞬间，狂风夹着大雨说来就来，以致你还来不及伸直身子，仰起头。于是，就巧了，那雨点被狂风裹挟着，就打进了你的鼻孔。

碰上倒霉事，当事人会自嘲自解言道："咋生无运气，碰着雨打鼻头窍的道路（事）。"可以说，这和"木耳扑落汤罐""拉屙撮到炒豆"或者"和尚撞着荤"等等，属于"小概率事件"，即"并非不可能"。

与上面那句话异曲同工的，还有"日头打洞，雨打脚夹弄"。

同样，也是初夏的某个清晨。太阳早早升起，强烈的阳光穿透低空中的云层，云层里的水汽蒸发，形成一个空洞；或许是这种低空云层的变化，产生了强对流，极易形成风雨，而且是狂斜的风雨，直往人身上泼打。如果还在农田里干着收割、插秧之类需弯腰的农活，那么狂风夹着暴雨直往你身上包括裤裆袭来，就是所谓"雨打脚夹弄"了。松阳话把"胯下""裤裆下"称为"脚夹弄"，直观明白。当然与"胯下"相比较，少了点斯文。

而另一句"日头点灯，雨打脚后跟"，就不再展开说了。绝对是"朝霞不出门"的经典松阳版。

气象学知识知之甚少。错了，请专家指正。

附一：

闲说松阳话

松阳人有句话，叫"离土不离腔，离腔不象相"，就跟北方人说的"宁卖祖宗田，不改祖宗言"是一个意思。任凭你走到天涯海角，任凭你外出十年八载，故乡的话你是不会忘记的。有诗云："少小离家老大回，乡音无改鬓毛衰。"倘有个别浅薄之人在外面混了几年，自恃见多识广，操着带松阳腔的"外路话"和人交谈，准会被人戳背脊心，被嗤为"半舌猪儿"，类似于早年间取笑操"洋泾浜英语"的"假洋鬼子"；或者说得更严厉些，就是在骂你"不会说人话"。当然，公务活动或社交场合必须说普通话的自当别论。

语言是文字之源，就是说先有语言然后出现文字，文字是用以记录语言表达的意思的。夏、商、周三代，文字初成，当时的语言和文字是一致的。周代以后，中原文化往四方衍播，黄河流域以外的先民们也渐次接受了中原文字，而口头交流却依旧用当地的语言，于是文字和语言不再合而为一了。因为战乱和灾荒，中原地区的先民频频南迁，北方的方言也同时随之南下，而且一次又一次地与南方的方言交和。又因为地域和时间的限制，这种交和过程又出现了种种的特殊，即居于远离中原的岭南之地的居民，或是居于与外界少有交往的深山地带的南迁之民，他们保留的北方南来的上古的语音就愈多。如今的福建、广东、广西和浙南地区的方言就有大量这样的例证。

六十多年前，前辈乡贤叶梦麟先生在《松阳方言考》里说道："松阳僻处浙南万山之中，语言殊异，百里之外即不可通，人或疑其为南蛮鸟夹舌之言。然细考之，实多唐虞三代之遗音。"就是说外地人听松阳人讲话简直就像在听"鸟语"，但仔细考证一番后，发现松阳话里有许多如今已很少听到的上古时代的发音。北方人说"天不怕地不怕，就怕广东人说官话"，其实北方人听我们说松阳话那感觉，也和听广东话差不了多少，就是一个难懂。那是因为他们已经不知道上古时代祖先们说的话，而我们南方人反倒还多少会一点。

人民大学教授、松阳籍人士吴增芳先生曾多次建议，把松阳话整理出来，让它成为松阳旅游产品的一部分。我想其出发点大概也是基于此。只是要承担这样的重任，自然非专业人士不可。本人学无专精，对文字、音韵、训诂更缺乏专门研究，只是对松阳话的发音、词汇等有点兴趣，平日里会留意去听人说松阳话。听多了，就萌生了写点关于松阳话的东西的想法。曾有不少论者对松阳话做过精到的研究，以我的学识、能力自不敢妄言研究，不过"例举"而已，用松阳话来讲，也就是"讹七讹八几句便是了"。

浙、闽、粤为古百越之地，相对中原而言即"南蛮"之地。松阳地处浙西南，自然也属其中。随着时间的流逝，当中原地区的古音发生变化时，流入"南蛮"之地的古音，却相沿未变，倒保存下来许多。故有"秦汉古音，往往存于闽越之地；隋唐古音，亦多遗于江浙之地"的说法。就如叶梦麟先生说的"古音古语，散布各地，非但闽越有之，而松阳所保存者颇多。可谓'茸尔松阳、满街佳语'"。要知道，中华古语在两三千年前可是"国语"，称为"雅言"。

厦门大学教授易中天先生在《大话方言》中举了大量的例子，来证明福建方言中保存了不少中华老祖宗的语音，也就是古音。比如 d、t 和 zh、ch 不分的特点；词汇也很典雅、古朴，比如把"脸"说成"面"，"黑"念成"乌"，"房子"叫"厝"（松阳话稍有音变）；偏正结构的词汇倒置，比如"客人"叫"人客"，"干菜"

叫"菜干"，"拖鞋"叫"鞋拖"，"热闹"叫"闹热"，等等。而所有这些语言现象也大量存在于松阳话里。

松阳话里 d、t 和 zh、ch 不分的现象很是明显。稍稍年长一点的松阳人读"竹""猪""秩""中""置""帐"等这些字都不发 zh 音，而发 d 音。"中"字的发音方式为"丁仲切"，就是"丁"字的声母和"仲"字的韵母切合而成，读作 deng（为方便阅读，本文用汉语拼音注音；拼音无法注明的，则用松阳话的同音字括注，请专业人士见谅）。"中央"读作"déng yàng"，"肚肠"读作"bǒ dàn"。

有论者说，这"简直都是孔子时代的读音了"。松阳人说"盛饭"为"置饭"也是古音的读法。而"位置"这个词，松阳话读作"yǔ di"就是古音。如今大部分松阳人都把"位置"读成"wěi zi"了。

"j"字母多读"g"，这也是古音。松阳话的读法和福建话、广东话的读法一致，如"九""今""教""觉""饥"都发"g"声而不发"j"声。"今天"的"今"读作"gan"；"肚子饿了"叫作"腹饥"（bō gài），则发音、词序都完全和古音一致了。

还有"t"读成"d"，"p"读成"b"，"q"读成"j"，也都属古音发声。比如"刚""田""庭""腾"，"平""贫""傍"，"骑""琴""群"，等，松阳话的读音也都和福建方言的读音一样。

几年前，绍兴知青孙先生写过文章，很欣赏松阳人说话斯文，一句"有劳"让他好是发了一通感慨。其实，说到松阳话的斯文，那可是远不止"有劳""无劳"。

松阳人要请人帮忙，可是十分讲究礼数的，开口先一个"恳"字："恳你帮我……"如此好礼，人家还好意思不帮这个忙吗？

"勿曾"这个词，恐怕只有在古典小说或是在传统戏曲的唱词念白中才能听到。在松阳，"勿曾"这个词却是十足的常用语，"勿曾咗""勿曾去过""勿曾望到过"，很多很多。说到"望"，就知道松阳话不说"看"而说"望"。"承"和"受"意义相近，松阳人不说"受不了"却要说"承不牢"，这用法不怪，却古。再看"姑勿论"这个词，可是标准的书面用语，原意是"姑且不说"，松阳话用它表达"说不定"或"未可"的意思。比如"他姑勿论先去了"，意思是他说不定先走了，真是斯文有加。这类词还有很多，如"譬言讲""但凭""凭在""心忖"等。山区一些上了年纪的老人还会把"走"说成"迢"，"你先迢"就是"你先走"，"迢快点"就是"走快点"。

松阳人说话的斯文、古朴，还可以从传统戏曲中得到印证。作为世界非物质文化遗产的昆曲，唱词实在是优雅古朴。《牡丹亭·寻梦》一节的唱词："那一答，是湖石山边；这一答，似牡丹亭畔。"其中的"这一答""那一答"就和松阳话的发音、词义完全吻合，只是不知从什么时候开始，有人把这个"答"字加了一个"土"字偏旁，于是"草答"成了"草塔"，"麻洋答"成了"麻洋塔"。松阳人把"拿"称为"约"。这个字的动词化用法，和京剧《玉堂春》中苏三的一句唱词"用手一约也就三百两"中的"约"字完全一致。京剧唱词中"学""出""街"等字的吐字都和松阳话的发音基本一样。古典小说、传统戏曲中经常出现的"便是""便是了""也便是了"这类词（短语）如今还活跃于松阳人的口语之中。

松阳人有时骂起人来也是很斯文的。比方说小孩子不懂事说错话或是做错事了，大人就会笑骂一句"你这夹铜啊"。这"夹铜"可是有来历的。早年间用的银圆是纯银铸造的。但是有的造币厂会偷工减料，在白银里熔入少量的铜，这样的银圆就不纯、不净了。照规制，一枚银圆的重量是旧制十六两秤的七钱（约合 21.875 克）。因为铜的比重比银小，所以一枚夹了铜的银圆分量就不足七钱，一般都在六钱八分左右。所以人们就把不地道、不正规的人称为"夹铜"，或者干脆就说"你这个六钱八"，就是嘲笑对方有点傻。早年间的商家或是有经验的老人拿到银圆都要先掂一掂，然后用两枚银圆相互碰击，声音清晰悦耳、余音悠长的就是纯的，否则就是夹铜的。更有功夫老到的，用指尖托住银圆，对准它轻轻一吹，凭气流对银圆冲击产生的震动就能辨出银圆的纯度。当然这绝非朝夕之功了。

人死咽气那一刻，松阳风俗都要烧些草纸（即纸钱），那叫"烧六斤四"。"六斤四都烧了"是对人已死了的一种避讳的说法，意思是寿终正寝，就是所谓"百年"了。过去旧制市秤一斤为十六两，六斤四两刚好合一百两，百足百了，也就死无遗憾了，可以眼睛紧紧合了。所以那一刻烧的草纸（纸钱）不管数量多少，都叫"烧六斤四"。说一个人病得不行了，或是某件事要办糟了，松阳人会说一句"都三斤九了，无办法了"。这又是什么意思呢？原来市制一斤不仅有十六两的，也有十两一斤的，那叫"老秤"。过去做生意当学徒都要先学会背"斤求两"，就是把十六两计量换算成十两计量的，如十六两秤一两折合十两制为零点六二五两。三斤九就是四斤差一两。"四斤"和"死症"音近，所以"三斤九"就是说快不行了。

那么，"十三点"则可以断定是时钟从西洋传入中国后才出现的骂人的话。时钟钟面字板上的刻度从一到十二，说其人"十三点"，就是说这个人表现有点过了头。不是有句话叫"真理再往前迈一步就成谬误"吗？

语言表达讲究准确、鲜明、生动。方言不仅涉及地域还涉及文化。它不像官话那么讲究，因为它的随意，它的表现力很强，很有趣。松阳话也一样，有许多有趣的东西。比如形容颜色的绯红、艳黄、碧绿、雪白、墨乌，称得上形象、生动了。又比如，形容某东西细小不足道，说是"须眉一点不当数"。你想一想，胡须、眉毛该是多么渺小、细微的东西，用它来形容微小够生动够形象了吧。还有"撩皮儿"一说，和"须眉"的意思相近，不过"撩皮儿"更多的用以指某件事发展的程度。嘲笑某人华而不实、摆架子，就说他"乌龟卵摆大请盘"。可以想象，宴席桌上一只大盘子里放的是一只拇指尖大小的乌龟蛋，肯定引得满桌不满。

和"打"的意思相近的有"敲""捶""抽""揎""扑""捅"等等。而还有许多用来表示"打"的词组、短语更是诙谐滑稽，甚至很有喜剧效果。谁家的孩子不听话，大人吓唬孩子时常会说："待我去约撩枝（或作'细'）。"松阳人说的"撩枝"指细竹枝，用它打孩子会有轻微的疼痛感而又不伤皮肉。

孩子在外面闯了祸，别人看见了会吓唬他："归去你要咥辣索面了。"松阳人说的"索面"就是长挂面，拌了辣酱的长挂面吃起来会辣得你唏嘘不已。看到用又细又长的撩枝扑打在孩子身上，听着孩子装模作样的号哭，这场面不是很滑稽吗？当然，贵州人、四川人、湖南人他们不怕辣、辣不怕、怕不辣，就吃"辣索面"而言，他们倒是巴不得。所以，我想他们那儿恐是没有这种土话的。

还有更让人哭笑不得的，叫"坐杉刺孵篮"。母鸡孵蛋时，鸡窝里要放些柔软蓬松的稻草或棉絮团之类铺垫物，让"孵鸡娘"在窝里暖和舒适。而换成用杉针（杉刺）铺垫，母鸡还敢坐在那样的鸡窝里孵小鸡吗？再想一想，果真把小宝贝稚嫩白皙的小屁股往铺满杉刺的大竹篮里一放，你不觉得所产生幽默的效果会让人喷饭吗？

当然，这些土话多半带有戏谑玩笑的成分在里面，类似于"三娘教子"——手执家法高高举起轻轻落下的意思，仅仅是哄吓而已。

讲起方位，松阳方言也很有意思。"上、下""前、后""内、外"这几组方位词用得多些，"东、西""南、北"用得少些，而"左、右"用得更是少之又少。

分别上下和内外的有：上面、下面，内面、外面；上壁、下壁，内壁、外壁；上底、下底，内底、外底；上头、下头，内头、外头；等等。以"前、后"而言，有说"后底"的而没有说"前底"的，有说"后壁"的而没说"前壁"的。

山区有的地方把"前"读作"徐"（松阳话发音）。如"山前"读作"山徐"，"破寮前"读作"破寮徐"。这个读法和遂昌话一样，遂昌人把"排前"读作"排徐"。还有"前岸"或"岸前"这样的词就是在山区恐怕也就只有年长些的人才会说它，才懂得它的意思了。"午前"一词是很规范的书面语，但是在松阳方言中依然作为口语保留着，意思也和字面一模一样——中午前。

记得五十多年前，一次到山区亲戚家做客。晚上临睡时亲戚家表弟问我，是睡"床岸沿"还是睡"床后坳"。一时间真不知道他说的是什么意思，后来大人解释了，才知道其实就是问我是睡床外面还是里面。这话很土很有地域特色和时代特点。一般而言，床总是靠边摆放，所以就有内外之分。靠壁的那边叫"床内壁"，坐着上床的这边叫"床沿"或"床杠沿"。因为过去的床高，离地五六十厘米，怕孩子不慎翻下床来，所以床的两边各有一条高出床板七八厘米的方木条，称"床杠"，于是就有了"床杠沿"这叫法。山区的田地、道路、房屋多靠山而修，傍山那边就叫"后坳"，另一边就叫"岸沿"。于是，就有了"床岸沿""床后坳"的说法。如今的床离地都很低，而且大多床头靠壁，三面凌空；有的年轻人干脆把席梦思往地板上一搁了事；在电视上甚至能看到圆形的席梦思，够新潮的。如此一来，现在的孩子们还哪来什么"床内壁""床杠沿"之类的概念呢？

尽管语言是没有阶级性的，但是，松阳话和其他所有语言形式一样，随着时代的变迁、社会的发展也在变化中。比方说，五六十年前，人们称呼政府公务员、邮电金融等机构的职员、医院医师、学校教师为先生。1949 年之后，"先生"一词几乎一夜之间从中性词变成了贬义词，改称"同志"或"工作同志"。只是一些上了年纪的人因积习过深，一时难以改过来，对医师、教师还称"先生"，如称本县老中医汤凤桐为"凤桐先生"，称松阳中学美术老师詹开钱（字东之）为"东之先生"。而到了 1957 年，"先生"一词被完全"异化"了。一些曾经被称为"先生"的人唯恐仍被称作"先生"，而对"先生"两字避犹不及。

转眼二十多年过去了。1979 年以后，进入改革开放的新时期，"科学技术是第一生产力""知识分子是社会主义劳动者"这两个命题成了正确命题，于是，"先生"这个词也被反了正。人际交往中又开始乐于称呼"先生"，人们也愿意被称为"先生"了。矫枉难免过正，20 世纪 80 年代中期，"同志"这一称呼用的人少了，甚至再这么叫的人倒成了"老土"。倒是一些七八十岁的老人仍然会用"同志"这个称呼——"你个同志象真好噢"。

松阳话里还有个词的消长也很有意思，叫"画箍轮圈"。20 世纪 70 年代有过农村生活经历的人都懂得它的意思。当时"农业学大寨"运动进入高潮，原先的评工记分被改成了"政治评分"，就是每三个月或半年评一次"政治分"。所以每晚只需记工员在当天出工干活的社员姓名下画个"〇"就行了。于是"画箍轮圈"很快成了公社社员下地干活的代名词而流行开来。当然，它随着人民公社的解体，家庭联产承包责任制的推行，流行了不到十年就消亡了。

随着民主政治逐步完善，基层选举越来越成为人民政治生活中的大事。如今，说到"画箍轮圈"，人们大概又会联想到无记名选举：在候选人名字下画"〇"。

　　小时候听大人日常说话会听到"水门汀""司必灵""司的克"之类的词。后来才知道它们分别是指"水泥地面""弹簧门锁"和"手杖"等。"司的克"是英文手杖的音译，曾经也里叫"文明棍"，那是意译了，我推测可能是因为早年间它多为洋人所用，而洋人多自称"文明人"，"文明人"用的手杖岂不就是"文明棍"了？这种手杖上半截是一把自卫用的短刀，下半截是刀鞘。松阳人把它叫作"卫生棒"，倒真是怎么穿凿附会也想不出个说法来。早年间都是有身份的人或有钱的人才会用它，那是一种身份和地位的象征——"那个人卫生棒戳起咯"，言下之意是可真了不起。

　　这些词已经没有人再用了，还有几个词也是外来语，也已经被淘汰了。记得刚读书那会，听见稍大些的中学生在打乒乓球时常会叫着"各得"（good）、"奥赛"（out side）什么的，当时也不知道是什么意思。到了小学中年级，我们也开始学着打乒乓球了，才知道那是"好球"和"出界"的意思。于是，我们学着那些中学生的样子，打出一个"擦边球"令对手猝不及防，就非常得意地舞着球拍，高呼带松阳口音的"各得"。对方回球过来出界，又会双手一摊笑着朝对方叫声"奥赛"。其实不单打乒乓球，篮球场上也会不时传来一些由英语音译过来的术语，那是因为这些运动都是最早在西方开展，而且最初传入中国也多在城市白领中流行或在大中学校中开展，所以赛场上就不可避免地出现了"各得""奥赛"这样的洋泾浜英语了。

　　如今普通话得以推广，知识白领也不再以会说夹着几个英文单词的话为时髦，于是有太多时代特点的外来语在汉语，同样也在地方方言中消失了。此外，我发现大量夹杂着普通话发音的松阳话已在大大地流行开了。比如"雅戈尔"，就连我这六十多岁的松阳人也不会再说成"五哥你"了，尽管"雅溪口"还是读作

"五尺口"。这倒有些和"卫生院"中的"卫"字，"恭喜"中的"恭"字，"恐怖"中的"恐"字等许多松阳话的发音发生音变一样，不可避免了。

（原载《闲聊松阳》）

附二：

趣谈松阳民间谚语

民间谚语是一种很值得探究的文化现象。它和民间故事、民间诗歌三足鼎立，共同构成完整的中国民间文学体系。值得我们注意的是，较之民间故事、民间诗歌，谚语显得更为原始质朴，更少文人雕琢的痕迹。又因为表现形式简练活泼，内容生动形象，故而能广泛流传于市井间里，任何一字不识的老翁老妪，言到畅时都能迸出一二句令人忍俊不禁的谚语。赵丽蓉等东北演员表演的小品之所以能为广大观众所喜爱，我认为一个重要原因，就在于演员表演时妙语连珠，满口是诙谐俏皮充满地方色彩的俚言俗语，令人捧腹。

近年来出版的各种乡土著作中，大事记、风俗、方言等，是一般大众读者热衷一读的内容，其中最引人入胜的当推方言中的谚语了。年长的读之倍感亲切，年轻的读之顿觉新鲜，尤其是一些"少小离家老大回"的客居他乡的游子，数十年乡音无改，读着这些"土话""古老言"，用欣喜若狂来形容，也未必为过。

（一）

一般而言，民间谚语涵盖的范围极为广泛。如果将一地的谚语汇集成编，无异于一部地方小百科。根据其内容可大体将其分为时政类、节令类、劳作类、伦常类，尽管这种分类不尽周全，却也能看出个大概。

时政类谚语多对时政有所诋贬，上至官府朝廷，尊至王侯公卿甚至皇帝老儿，概在其列。如"衙门八字开，有理无钱莫进来"就是流传最广、写实性最强的。这类民谚之所以能世代流传不至湮灭，其中一个重要原因就在于它是群众集体口头创作。统治者可以因为"维民所止""清风不识字"之类的诗文，大兴文字狱，诛杀一人一族、数人数族，却断不能将万民万众斩尽杀绝。有道是"防民之口甚于防川"，所以，就是在文字狱最为酷厉的清代，松阳地区也有"乾隆生嘉庆，家家用饭蒸；嘉庆生道光，米缸个个空"之类的民谚流传。

节令类谚语内容多反映一地气候物候变化，是先民们在长期生产生活中对客观世界种种现象的总体概括，指对性极强。这类民谚最关乎民生，即使是科学技术高度发达的今天，一般而言仍有极强的实用价值。例如"立夏晴，蓑衣箬帽上蓬尘"，说的是立夏这天天气晴朗，则相对来说，往后一段相间降雨较少，以至于雨具长期不用而蒙上灰尘。短短十个字，朗朗上口，形象生动。又如"先雪后霜，一个麦头两个人扛"。入冬后天气骤冷，冬雪先至，则农作物害虫多被冻杀，有利于越冬作物如小麦的生长，所以就有了"一个麦头两人扛"这充满生活情趣令人叫绝的卡通式的比喻。

伦常类谚语主旨在抑恶扬善，倡颂孝悌仁义；劝耕劝读，嘉勉节俭勤奋。中国自古为礼仪之邦，处世行事多有成规，上层社会有成文的宗法礼教；在民间除了有族规家规之类外，更多的是长期约定俗成的，言传身教、代代相沿的仪规。这些多在民谚中有所反映，如"十人好帮一""孝心大人自有福，孝心田头自有谷""有双手儿摸摸动动，不要娘家七箱八笼"。

劳作类谚语是劳动者长期劳动、生产实践的经验总结。许多谚语不仅反映了劳动的过程，还充分显示了古代劳动人民的聪明才智。例如松阳一带流传的一组谚语："泥水老司无法石头子儿塞，箍桶老司无法木糠撒，打铁老司无法红黄泥搭，衣裳老司无法面糊搭，油漆老司无法桐油石灰卡。"解释开来，就是说泥工要用小石子垫塞大石头垒砌墙脚才能牢固；木匠撒一把锯末填充木桶底缝，能够有效防止渗漏；铁匠在加工铁件连接处时，要裹上湿泥巴，提高连接处的氧化程度，使接头牢固；裁缝师傅在缝制丝绸服饰时用糨糊将上下两片粘连，防止滑动，便于缝制；油漆工一定要先用油灰（或称油泥）把木件表面刮抹一遍，使平整无缺再刷表层油漆。这组谚语把上述工种的一些工艺细节，用最简洁流畅的语言做了十分形象而又诙谐有趣的描述，实在精彩。

（二）

我国地域辽阔，各地自然经济、文化环境差异极大，同一事物在各地谚语的表达却往往迥然不同。例如同指"春雨"，江北是"春雨贵如油"，江南却又是"春水满四泽"。有的谚语表达形式大致类似，可反映的内容却各自显示鲜明的地方特点。如陕西有谚云："米脂的婆姨绥德的汉，清涧的石板瓦窑堡的炭。"类似的谚语各地都有，松阳流传有这样一句谚语："后畬的囡儿横岗的笋，大岭头的媳妇擦镬盖（松阳方言'盖''笋'同韵）。"反映小竹溪一带的民风民情，前半句道的是后畬村的姑娘标致漂亮，横岗村的竹笋鲜嫩可口；后半句说的是大岭头村的家庭主妇常到溪边擦洗锅盖，称赞这个小山村老百姓自古有着良好的卫生习惯。

民谚和成语可谓异曲同工，相辅相成，共同成为汉语言中最生动最活泼的构成成分。成语多出自文人创作的经典诗文中最精彩的句章，是个性化的；谚语多出自山野村夫落魄文人的口头创作，是地域化的。成语是文读的、书面的，谚语是白读的、口头的。以方言为基本结构材料的民间谚语，一般都流传于以县域为基本单位的方言区，它朗朗上口，易于传颂，因而能根植于民间，为广大底层民众所接受。但是，如果松阳人试图以普通话说松阳谚语，一定会显得十分别扭，十分拗口，很有些"洋装布履"的感觉，这就是民谚的地方特色之所在吧。

正如《辞海》为之定义的，"谚语是流行于民间的简练通俗而寓意丰富深刻的语句，大多反映人民生活和生产劳动的经验"。松阳有谚云："南岱村（一个离县城十五千米的山村）穷是穷，也有三十六根鸦烟筒。"反映一个原本十分富足的山村，因为饱受鸦片烟毒害，导致一批经营木材而致富的山民耗尽资财、家破人亡。百余年过去了，如今走进这个村子还能看到不少清中叶时期建造的豪宅，很是气派恢宏，推门而进却已人去楼空，绿苔遍地，蛛网满室，一派破败衰落的惨状。它的现实意义在于用史实揭露了毒品的极大的社会危害性。

（三）

农耕社会生产力水平低下，社会结构相对稳定，信息传播渠道不畅，生活在社会最底层的贫苦民众无力延师，断文识字几成不可企及的奢望。他们更多的是通过谚语这一载体来获取信息，增长知识，丰富生活，所以在千百年的流传过程中，大量的内容得以积淀保留至今。

但是也有在流传中自然消亡的。这是因为：一是社会发展了，时代进步了，一小部分谚语失去了自身存在的条件，如松阳有谚云："黄犬跳不交黄家的弄堂，老鸦飞不出何家的田垄。"形容清、民国期间松阳两大豪绅的富足程度。黄家以宅大闻名，何家以田广著称；1949 年，一声春雷换了人间，黄、何两家自然风光不再，这句谚语也就成了历史陈迹。二是自然生态变迁，谚语原来表现的内容（现象）不复存在。古市一带流传这样一句谚语："詹坞的炭内孟的柴，合湖大畈放树排。"从中可以看出历史上松阳十二都源一带有林木繁茂、源远流长的良好生态环境。但数十年来，由于过度砍伐、无序开发，原先那种"林深古木合，山静珍禽飞"的迷人景象已是"昨日黄花"，一些老者偶尔念及也只不过是对往昔的无奈追忆而已。三是进入现代社会后固有的许多地方特色正在逐渐消失。以松阳而言，曾有谚云："松阳熟，处州足。"而五十年来，农村生产关系的变革，先进农业技术的普及和优良品种的推广，丽水地区（旧处州）各县市粮食产量都已大幅度提高，基本能保证自给，松阳原先存在的粮食方面明显优于各县的地方态势就消失了。

（四）

古老的民间谚语得以流传千百年，以至妇孺皆知。可是我们会发现，五十年来，新民谚却始终难以成诵，窃以为原因有二。

首先，以五十年来几个时期一度出现的新民谣为参照，直而言之，它们大多数并非真正意义上的民谣民谚。如"大跃进"年代风行一时的"人有多大胆，地有多大产""钢铁元帅要升帐，煤炭粮食要先行""比××、学××、赶××、帮××、超××"等。一般而言，都是根据领导倾向性意见，由文人创作继而让群众传唱的。说白了，就是"钦定""官许"的。这种充满政治色彩的东西，一个时期过去了，自然也失去了存在和流传的基础。报载，最近某地发起征集"新民谣"活动，称旨在用健康的新民谣抵消旧民（童）谣产生的负面影响，于是竟有了"你拍一我拍一，春节出国坐飞机"之类"超豪华"型的歌谣。试问，在读完小学都须仰赖希望工程资助的农村贫困地区，如此"高价"的童谣，如何能流传开去呢？

其次，社会生活节奏加快，各类事物消长替换频繁，许多流行语难以有一个相对稳定的环境、相对长期的时间段沉淀凝固。例如20世纪六七十年代松阳流行一句话："双职工，两手无离空。"意谓双职工工资收入稳定，又有各种票证，经常是下班后大包小包拎回家。可如今的情况与那句流行语已大相径庭，许多企业改制，职工下岗，有的家庭夫妻双双下岗，生活几乎陷入贫困的境地，上述流行语自然不再流行了。经过20世纪80年代初农村经济体制改革，农村生产力水平极大提高，广大农民迅速摆脱贫困，实现温饱，有谁还会去吟诵那种令人辛酸的顺口溜呢？

（五）

窃以为近年来出版的各种地方文献的谚语部分，似有缺失。主要表现在收录时过多注意所谓"影响"，以致许多极为精彩的词条未能收录。究其原因，在于当年不少从事文史工作的同志（包括笔者），总担心收录的内容有涉"宣传封建迷信""丑化劳动人民"之嫌。而实际情况是，许多未能收录的谚语中确有极少是宣扬封建迷信或"少儿不宜"的，但更多的仍不失资治、存史、教化的作用。例如松阳有谚"皮厚腹饱"，不正是对那些见利忘义者的深刻讽刺吗？又如"欠账怨财主"，这种现象不也仍然大量存在于当前的经济活动中，而被大大地戏剧化后展现于小品舞台吗？至于许多带点"荤味"的谚语，也不能一概斥之为"庸俗""淫秽"。换个角度，倒应该说是"日出而作，日落而息"的自然经济条件下，劳动人民轻松诙谐的自娱自乐。它和古典小说中有关性的内容是异曲同工，只不过前者未经文人加工，更显生活化，是最原始最传统的中国民俗文化的组成部分。

（原载《闲聊松阳》）

后 记

书名《闲说松阳话》，是我十多年前写的一篇关于松阳话的小文的标题。自觉拿它作为书名挺合适的，因为书稿的全部内容都是随意的、闲聊式的。

2013 年，松阳县史志办着手编辑"田园松阳文化丛书"，以弘扬、传承松阳地方文化为目的，每辑若干册，收集以松阳历史文化、市井俚俗、农耕传统为内容的本土作者的著述。蒙县史志办不嫌弃本书浅显，将其收入丛书的第七辑。

持续了四五年之久的写作，得到了许多朋友的帮助。他们知道我对松阳话（俗词俚语）感兴趣，都会在闲聊中主动或者说踊跃地把他们想到的、听到的转述给我。

我的生活很有限，活动半径也不大，除了从父母那里听到的一些"古老言"外，也只在与学生家长、乡村干部的交流中，获取一些松阳土话的素材。坦白地说，倘若不是这二三十年的修志实践，还有朋友们无私的帮助，我的松阳土话词汇量是相对贫乏的。

符肇嘉先生长我两岁，是我初中同届同学，看上去瘦小却精明，打个比方，有点像京剧大师萧长华先生扮演的蒋干，举手投足透出一种幽默，很招人喜欢。我们都是 1957 年进的初中，我进了国强中学，他上的松阳中学。上初一时，我们都迷上了矿石收音机，一道学着安装矿石收音机。他手巧，做成的矿石收音机总比我做的精巧灵敏。1958 年，国强中学并入松阳中学，我在（2）班，他在（3）班。由于"种种原因"，上完第三个学期，他就休学了。

那是"大跃进"的年代，他进过工厂，但不到一年工夫，工厂关了，高炉停了。后来响应"大办农业"的号召，他又完成了从工人到农民的身份转换，从此，在农村种田挣工分了。凭他的灵性，他学会了机电修理。什么柴油机、电动机、发动机，遇到故障，到他手里，转眼"手"到"病"除。我看到过他手工做的中国古典玩具九连环，不锈钢焊条做成，光洁柔顺，精致密合，绝不逊色于市面上的任何类似产品。如果真有"无师自通"的，我看符肇嘉绝对是当之无愧的一个。

那年头，他以初中肄业的学历，在当地农村也算得上是个"文化人"了。他看过许多书，而且看得很杂，古今中外，拿到什么书都看，而且，博闻强记。读完后，他都能绘声绘色地讲述整本书的故事。下乡修理农机具"吃百家饭"，一个村子（当时叫大队）住上三五天、个把星期。他白天干活，每到晚上，都会有大群村民聚到他落脚住宿的主人家，听他"讲天话"。松阳人把讲故事称为"讲天话"。

妙极了，晚上"讲天话"，不正是"天方夜谭"？松阳话，真妙极了。

几十年过去，各自为生计，拼力摸爬滚打，我和肇嘉的接触、交流少了。

2008 年，我受聘主编《松阳县交通志》。县交通局在新华路。临街的大门，我的办公室在一楼，一进大门就能看到，很方便。我常邀肇嘉来聊天喝茶。退休前，我就很认真地对一些老同志说，有空尽管来我办公室聊天喝茶。因为在与这些老先生的闲聊过程中，能得关于地方的各种信息，很利于我的工作。

在和肇嘉的闲聊中，他会不时迸出一些精彩的松阳土话，此时我会大为惊喜，例如"能干粽、无用粿"，例如"棉支娘"，例如……

2014 年编完《松阳县交通志》，完全闲了下来。我常住杭州儿子家，和肇嘉的见面少了，只是电话联系，问个节日快乐什么的。

偶尔回松阳会碰上一面。2019年5月,和肇嘉通电话,问及身体状况,电话那头他言道:"不咋好噢。"语气少了些平时的脆亮。我安慰了几句,说过些日子再去看他。后来,几次电话都没有打通,再后来,语音提示"已停机"。

2020年5月,疫情稍有缓解。回到松阳才得知,肇嘉先生于2019年8月作古。

章新华小我九岁,属龙,古市人,她的丈夫是我高中同学。我们几个高中同学,毕业后一直走得比较近。另有一位同学的丈夫长我七岁,属牛,我们都尊他为"老大哥",无论学识修养还是其他哪方面,他都当之无愧。这一帮朋友里,新华年龄最小,大家都拿她当小妹妹。她热情好客、大方开朗、麻利手快,甚至有点风风火火、大大咧咧,有时也使点小性子,大家也都由了她容了她,小妹妹嘛。我们十来个人常会去她家蹭饭,松阳人叫"赶饭厨"。十几二十年,什么麦豆饭、肉汤团、葱油饼、脚尖卵,什么盐鸡、粉干、薄饼、沙擂,每年总有几次在她家欢"吃"一堂。

新华初中毕业后下乡,成了知青,回城后进入供销社。她的生活很接地气,她虽然年龄不大,却阅历不浅,见多识广。市井俚俗的趣闻轶事,经她一说,会显得诙谐逗人:比如那句"三婶勿要拌得生凶险"的唱词和有关的故事,我们都被她逗得前仰后合大笑不止;再比如"直草不攀,横草不踏",很有松阳味道的铿锵之声。还有很多,我想留待以后慢慢细说。

其实,要说感谢的话,还真不是一句两句能说完的,要写名字,也肯定是长长的一串,好在和这些朋友间的关系,早已到了可以"不言谢"的境界了。

叶永萱

2020年7月